SÜDBADEN KULINARISCH ERLEBEN

EDITION VIS - À - VIS

VERLAG H. HINTERECK 79 346 ENDINGEN TEL. + FAX: 0 76 42 / 26 14

PHOTOGRAPHIE: WERBEATELIER H. HINTERECK + PARTNER, ENDINGEN
REPRO: REPROTEC WALTER VETTERER, 77 960 SEELBACH
DRUCK: KNIEBÜHLERDRUCK, 79 331 TENINGEN

DIE TITELAUFNAHMEN ENTSTANDEN MIT FREUNDLICHER UNTERSTÜTZUNG VON HERRN HANSJÖRG WÖHRLE IM "ADLER", WEIL.

PRINTED IN GERMANY

ISBN 3-930094-00-2

VORWORT

Wer in dem von der Sonne verwöhnten Südbaden ein Gasthaus betritt, der beabsichtigt erst in zweiter Linie, Hunger und Durst zu stillen. Vielmehr macht er sich auf den Weg, ein Stück Kultur zu erleben.
Was anderswo in Deutschland einfach mit „Essen und Trinken" umschrieben wird, heißt in Südbaden „Bewußt Genießen" und läßt schon etwas von dem erahnen, was den Gast im südwestlichsten Zipfel der Republik in zahlreichen Restaurants erwartet. Vor allem, wenn er sich den besseren zuwendet, die es fast überall gleich um die Ecke gibt. Doch was wäre ein Rehrücken in Burgundersoße ohne einen feurigen Rotwein aus der Region, oder ein Zanderfilet ohne Riesling. Nirgendwo sonst, wo die deutsche Sprache zu Hause ist, gehören edle Speisen und erlesene Weine so unzertrennbar zusammen wie in Südbaden. In keinem anderen Landstrich drängeln sich die Sterne-, Mützen- und Kochlöffel-Köche auf so engem Raum. Und nirgendwo sonst wetteifern so viele badische Kellermeister miteinander um Große Preise und Goldmedaillen. Wo die Konkurrenz so vielfältig ist, kann der Gast und Kunde nur gewinnen. Er profitiert vom Streben nach höchster Harmonie und Vollendung.
Auch das ist typisch badisch, wenn es um Speis' und Trank geht.

GEROLD ZINK

PROLOG

Sie können Südbaden auf vielfältige Art erleben. Als Geschäftsreisender oder Urlauber, als Transitreisender oder Einheimischer. Und Sie können diesen rund 170 Kilometer langen Landstrich auf die unterschiedlichste Weise kennenlernen.
Immer aber wird **„Südbaden kulinarisch erleben"** Ihnen einen unverwechselbaren und bleibenden Eindruck vermitteln.
Neben dem - fast schwäbisch zu nennenden - Fleiß, zeichnet die Menschen in dieser Region ihre ungebrochene Lebensfreude und ihre charaktertypische Gastfreundschaft aus .

Wir wollen Ihnen Südbaden, die heimische Gastronomie und den Weinbau in Deutschlands wärmster Region etwas näherbringen.
Wie könnte dies besser geschehen, als daß 52 Meisterköche jeweils eines ihrer lukullischen Geheimnisse verraten und Ihnen gleichzeitig sagen, welcher Wein sich bestens zum betreffenden Essen eignet ?
Und wer könnte für solche Empfehlungen geeigneter sein als die Wegbereiter echten Feinschmeckertums, die Protagonisten der Nouvelle Cuisine und der guten, badischen Küche ?!

So wie Essen und Trinken in Südbaden einen eigenständigen Kulturzweig bilden, so gibt es daneben eine ganz individuelle Form der Gastlichkeit. Jedes der in diesem Büchlein vorgestellten Häuser besticht durch ein typisches und unverwechselbares Ambiente. Wir haben bei unseren Aufnahmen darauf geachtet, kleine, aber wesentliche Merkmale des jeweiligen Hauses in die Photographie zu integrieren. Das Ergebnis sind charakteristische und zeitlose Bilder mit einer ganz persönlichen Note. Auch deshalb entstanden alle Aufnahmen während mehrmonatiger Arbeit „vor Ort" in den beteiligten Restaurants und Hotels und nicht im Studio. Aber die Arbeit hat viel Freude bereitet. So danken wir allen beteiligten Köchen, Restaurant- und Hotelinhabern für die überaus freundliche Unterstützung.

Und Ihnen, liebe Leserin und lieber Leser, wünschen wir gutes Gelingen bei der praktischen Umsetzung der Rezeptvorschläge. Sollte es das eine oder andere Problem geben, wird Ihnen sicher der betreffende Küchenchef weiterhelfen. Oder noch besser: Sie fahren hin, oder Sie machen eine kleine Rundreise. Das Motto dieser Reise könnte dann lauten: **Südbaden kulinarisch erleben.......**

DIE HERAUSGEBER:

HEIDI HINTERECK
PHOTOGRAPHIN

MANFRED H. SCHMIDT

BÄRLAUCHSÜPPCHEN MIT BACHSAIBLING

Für 4 Personen:

10 - 15 Bärlauchblätter, ca. 50 g
40 g Butter
1/2 l Sahne
1/4 l Fischfond
Salz, Pfeffer, Zitrone
4 Saiblingsfilets, ca. 140 g
1/8 l Weißer Burgunder
Zwiebeln, Karotten und Lauch für den Fischfond

Dazu empfiehlt Martin Buchleither, Chef der Mühle zu Gersbach, einen *Weißen Burgunder, Kabinett trocken, 1992,* vom **Schloßgut Istein** in Istein.

Bärlauch ist ein Knoblauchgewächs und - als Frühlingsbote - auch das erste Grün im Wald. Wichtig: Bärlauch ist nur frisch zu verwenden, maximal 2 Tage alt darf er sein, um die frische, milde Schärfe zu behalten. Nach dem Blühen verliert er sein typisches Aroma und sollte daher nicht mehr verzehrt werden. Bärlauch hat, neben seinem hervorragendem Geschmack, blutreinigende und stoffwechselanregende Eigenschaften.

Den gewaschenen und in Streifen geschnittenen Bärlauch leicht und kurz in Butter andämpfen, mit Sahne und Fischfond auffüllen und max. 2 Min. kochen, dann im Mixer pürieren, mit Salz und Pfeffer und etwas Zitronensaft abschmecken.
Die Saiblingsfilets halbieren, Schwanzstücke im Fond (1/8 l Weißburgunder, 1/4 l Wasser), mit Zwiebeln, Karotten und Lauch 8 Min. ziehen lassen. *Nicht kochen!* Die großen Fischstücke von Haut und Gräten befreien, in kleine Würfel schneiden und mit Salz, Pfeffer und Zitrone abschmecken.

MÜHLE zu GERSBACH
Familie Martin BUCHLEITHER
79 659 SCHOPFHEIM
Tel.: 0 76 20 / 2 25 Fax: 0 76 20 / 3 71

1992
Schloßgut Istein

MARKGRÄFLER HEFECREMSUPPE

Für 2 Personen:

2 El Mehl
100 g Butter
1/2 l Fleischbrühe
1/8 l trockener Weißwein
1 Würfel Hefe
2 Eigelb
1/8 l Sahne
Petersilie
Kerbel, Salz, Muskatnuß
2 Scheiben Toastbrot

Die Butter in einen Topf geben und heiß werden lassen.
Das Mehl darunterrühren und eine Mehlschwitze herstellen.
Die Fleischbrühe dazugießen, alles glattrühren und ein paar Minuten aufkochen lassen.
Den Weißwein dazugeben und nochmals aufkochen. Die zerkleinerte Hefe in die Suppe einrühren, legieren mit Eigelb und Sahne, nicht mehr kochen lassen.
Abschmecken mit Salz und Muskatnuß.
Toastbrotscheiben in kleine Würfel schneiden und goldgelb rösten.
Die fertige Suppe anrichten mit gehackter Petersilie, Kerbel und mit den gerösteten Brotkrusteln bestreuen.

Hierzu empfiehlt Küchenchef Franz Adam einen *1990er Feldberger Paradies Auxerrios, trocken,* vom **Weingut Eglin - Adam, Feldberg.**

GASTHOF OCHSEN
Familie Franz ADAM
79 379 FELDBERG
Tel.: 0 76 31 / 35 03

FISCHSÜPPCHEN „KRANZ“

Für 6 Personen:
125 g Lachs
125 g Seezungenfilet
125 g Heilbutt (jeweils doppelte Menge mit Haut und Gräten)
125 g rosa Crevetten oder Krebsschwänze
ca. 2 l Fischfond
2 dl Grauburgunder
60 g Butter
70 g Mehl
2 dl Rahm
Salz, Pfeffer, Zitrone, Thymian
1-2 El Wermut
Garnitur: *Gemüseperlen oder tournierte Gemüse (Karotten, weiße Rübchen, Sellerie, Lauch)*
goldgelb gebratene Brotwürfeli

Die Fische säubern, filetieren und in ca. 1,5 cm große Stücke schneiden. Von den Gräten und einem weißen Mirepoix einen Sud bereiten, davon 1/4 zum pochieren abnehmen. Von Butter und Mehl einen weißen Roux herstellen, mit dem restlichen Fond und dem Wein auffüllen und unter öfterem Rühren 15 - 20 Min. leicht kochen lassen. Rahm und Aromastoffe zufügen, nochmals kochen und durch ein feines Tuch passieren. Fischstücke im restlichen Sud zart pochieren (bei ca. 75 Grad) und mit dem Gemüse und den Crevetten in einem tiefen Suppenteller gefällig anrichten. Die mit einem El. kalter Butter aufgeschäumte Suppe angießen und mit Kräutern und Croutons garnieren.

Inhaber Günter Rosskopf empfiehlt einen *Grauburgunder, Spätlese trocken, 1990,* von der **Winzergenossenschaft Ehrenkirchen-Stetten**.

HOTEL & RESTAURANT **KRANZ**
Günter und Antoinette ROSSKOPF
Basler Straße 90
79 540 LÖRRACH
Tel.: 0 76 21 / 8 90 83 Fax: 0 76 21 / 1 48 43

ZANDER MIT STEINPILZEN

Für 4 Personen:
4 Zanderfilets mit Haut
Butter
24 dünne Scheiben von Steinpilzköpfen
Olivenöl
Salz und Pfeffer
etwas Zitronensaft
Tinte
Tomatencoulis
Pesto
Crème fraîche

4 Filets mit Haut vom Zander würzen und in aufschäumender Butter auf der Hautinnenseite gut anbraten.
Anschließend die Filets auf eine gebutterte Alufolie geben und 5 Min. im Ofen (200° C) garen, anschließend abgedeckt 5 Min. ruhen lassen.
24 dünne Scheiben von Steinpilzköpfen in Olivenöl rasch rösten, würzen mit Salz und Pfeffer und mit etwas Zitronensaft beträufeln.
Die Filets auf vorgewärmten Tellern anrichten und mit den Steinpilzscheiben belegen.
Abschließend mit Tinte, Tomatencoulis, Pesto und Crème fraîche beträufeln.

Zu dieser Spezialität des Badischen Hofes empfiehlt Inhaber und Chefkoch Peter Wehlauer einen *Weißen Burgunder, Weingartener Katzenberg, Kabinett trocken, 1991*, von der **Winzergenossenschaft Weingarten**.

WEHLAUER'S **BADISCHER HOF**
Fam. Peter WEHLAUER
Hauptstraße 36
77 815 BÜHL / BADEN
Tel.: 0 72 23 / 2 30 63 Fax: 0 72 23 / 2 30 65

WEHLAUERS
BADISCHER HOF
BÜHL
R KATZENBERG
RGUNDER

LANGUSTINOS IM KARTOFFELMANTEL

Für 4 Personen:
8 frische Langustinos à 150 g
2 große Kartoffeln
je 1 rote, grüne und gelbe Paprika
1 mittelgroße Zucchini
1 kleine Aubergine
150 g dicke, ausgebrochene Bohnen
1 Zwiebel *3 Roma Tomaten*
1 Fenchel *Olivenöl zum Braten*

Für die Sauce:
2 Schalotten *2 weiße Champignons*
1 Zweig Estragon *250 ml Fischfond*
1 Tomate, geschält und entkernt
125 ml trockener Grauburgunder
4 cl Noilly Prat *frischer Rucolla*
20 g kalte, gesalzene Butter

Für die Sauce die Schalotten, Champignons und Tomaten andünsten und mit den Flüssigkeiten angießen; den Estragon dazugeben. Auf ein Minimum von ca. 10 cl einkochen lassen und passieren. Die Reduktion warmhalten.
Langustinenschwänze ausbrechen und vorsichtig den Darm entfernen. Kartoffeln schälen und zu Spaghetti drehen (mit Maschine). Die Langustinenschwänze mit den langen „Kartoffelspaghetti" umwickeln und kühl stellen.
Gemüse putzen und in die gewünschte Form schneiden. Bohnenkerne enthäuten und in Salzwasser blanchieren. In Teflonpfanne das vorbereitete Gemüse mit Olivenöl bei mittlerer Hitze anrösten. Die Langustinos in gutem Olivenöl in einer zweiten Teflonpfanne goldgelb braten und erst nach dem Garen mit Salz und Pfeffer würzen. Die warme Reduktion zuerst mit kalter Butter, dann mit Olivenöl aufrühren. Den feingeschnittenen Rucolla in die Sauce geben. Gemüse auf dem Teller verteilen, Langustinos draufsetzen und mit der Olivenemulsion umgießen.

Dazu paßt nach Ansicht von Küchenchef Edy Ledig ein *Grauburgunder, Spätlese trocken, 1992,* vom **Weingut Freiherr von und zu Franckenstein**, **Offenburg**.

RESTAURANT **LE CANARD**
Hauptstraße 83 a
77 652 OFFENBURG
Tel.: 07 81 / 7 77 27

FORELLE IM WIRSINGMANTEL
AUF SCHWARZWÄLDER BIBELESKÄS'SCHAUM

Für 2 - 3 Personen:
2 Forellen (eine für die Farce)
80 g Forellenfarce mit Gemüsestreifen, locker durch Fischsahne
40 g Forellenkräuterfarce
20 g Räucherlachs, püriert
60 g Wirsing, Salz, Pfeffermühle
1 Schweinenetz
1/8 l Fumet de poisson
1/8 l Riesling
Bibeleskäs'schaum:
3 El Kräuterquark, 1 El Crème fraîche, 2 El Fischsahne

Küchenchef Eckhard Gaiser rät Ihnen zu einem *Diersburger Schloßberg Riesling, Kabinett trocken, 1992,* vom **Weingut Freiherr Roeder von Diersburg**.

Eine Forelle filieren, enthäuten und die Spitzen abschneiden, in Würfel schneiden und zur Forellengemüsefarce geben. Zwei Wirsingblätter vom Kohl lösen, Strunk herausschneiden und im kochenden Salzwasser blanchieren, auf ein Tuch legen und trocknen. Wirsingblätter mit Forellenkräuterfarce dünn bestreichen, ein Forellenfilet auflegen, einen Teil der Forellengemüsefarce aufstreichen und Räucherlachsscheiben drauflegen. Restliche Farce darüber streichen, zweites Filet aufsetzen und von außen glatt streichen. In Wirsing einpacken, mit Salz und Pfeffer würzen, in Schweinenetz einwickeln und in eine Cocotte setzen.
Fumet de poisson und Weißwein angießen, mit Alufolie abdecken und im Backofen bei 180 Grad ca. 35 Min. garen. Das Schweinenetz entfernen, 4-6 mal schräg abschneiden und auf einer Platte anrichten.
Den Kräuterquark mit der Crème fraîche und der Fischsahne verrühren und erhitzen.
Fischsahne: Fumet de poisson wird mit Sahne eingekocht und mit Mondamin leicht abgebunden.

PARKHOTEL WEHRLE
Gartenstraße 24
78 094 TRIBERG IM SCHWARZWALD
Tel.: 0 77 22 / 8 60 20 Fax: 0 77 22 / 86 02 90

MILLE FEUILLE VOM WILDLACHS UND ZANDER
AUF MEERESBOHNEN

Für 4 Personen:

300 g Wildlachsfilets
300 g Zanderfilets
in dünne Scheiben geschnitten
6 Blatt Maisteig (aus dem Feinkostgeschäft) rund ausstechen und im Ofen backen.

Dazu empfiehlt Otto Fehrenbacher einen *Lahrer Schutterlindenberg, 1992er Auxerrois, Kabinett trocken*, vom **Weingut Stadt Lahr**, Inh. Hans Wöhrle.

Schnittlauchbutter: 1 Schalotte in Würfel schneiden, in Butter kurz angehen lassen, mit 1/2 l Weißwein ablöschen und auf die Hälfte reduzieren. Dann 300 g frische, kalte Butter darunter reduzieren. Schnittlauch dazugeben und mit Salz und Pfeffer abschmecken.

Rote und gelbe Paprikaschoten: 2 rote Paprikaschoten in den Ofen legen (ca. 5 Min., damit die Haut sich abziehen läßt). Die Schoten kleinschneiden und mit etwas Brühe mixen.

Den gleichen Vorgang mit den gelben Paprikaschoten wiederholen. Abschmecken mit Salz und Pfeffer.

Die gebackenen Maisteigblätter im Ofen warmhalten. Die Meeresbohnen in Salzwasser legen. Die Zander- und Wildlachsscheiben kurz in einer Teflonpfanne mit wenig Fett beidseitig anbraten, so daß sie noch schön saftig sind.

Anrichten und garnieren: Zuerst die Meeresbohnen auf den Teller streuen, dann die Maisteigblätter und Fischscheiben abwechselnd übereinanderlegen. Abschließend wird die Schnittlauchbutter darüber gegeben und die Paprikasaucen als Garnitur hinzugefügt.

RESTAURANT - HOTEL **ADLER**
Familie Otto FEHRENBACHER
Reichenbacher Hauptstraße 18
77 933 LAHR - REICHENBACH
Tel.: 0 78 21 / 70 35 Fax: 0 78 21 / 70 33

BACHSAIBLING IM SALATBLATT
MIT PFIFFERLING-QUINOARISOTTO

Für 4 Personen:
240 g Saiblingfilets
160 g Zanderfarce
1 Kopfsalat
60 g Gemüsewürfel
120 g Pfifferlinge
120 g Quinoa
1 Schalotte *1/2 Knoblauchzehe*
Thymian, Rosmarin, Olivenöl, Butter
5 cl Weißburgunder
1/2 Salatgurke
1 Schalotte, weiß
5 cl Grauburgunder
2 cl Noilly - Prat
0,3 l Fischfond *0,1 l Crème doûble*
1 Teelöffel Dill *1 El Tomatenwürfel*
1 El Schlagsahne
Salz, Cayennepfeffer, Zitronensaft

Quinoa am Vortag befeuchten und keimen lassen. Kopfsalatblatt im Salzwasser blanchieren und auf Folie auslegen. 2/3 der Zanderfarce mit den Gemüsewürfeln vermischen und auf den Kopfsalat streichen.1/3 der Farce mit 1/3 der Pfifferlinge vermischen und die Saiblingsfilets zusammensetzen. Die Filets in das Salatblatt einrollen und die Folie zusammenknoten. Den Fischfond aufkochen, den Saibling bei 78°C 18 Min. pochieren. Den Fond auf 1/3 einkochen. Schalotten anschwitzen, mit Weißburgunder und Noilly Prat ablöschen, verfliegen lassen. Den reduzierten Fond und die Crème doûble hinzugeben, aufkochen, passieren und mit etwas Schlagsahne aufmixen. Die Gurke ausstechen, blanchieren und mit dem Dill in die Sauce geben. Für den Risotto die Schalotte in feine Würfel schneiden, in Olivenöl angehen lassen, Knoblauch und Kräuter zugeben. Den Quinoa und die Pfifferlinge anschwitzen und mit Weißburgunder ablöschen, im Fischfond bedecken und 10 Min. köcheln lassen. Den Saibling in Tranchen schneiden und mit der Sauce und dem Risotto anrichten.

Dazu empfiehlt Inhaber und Küchenchef Wolfgang Raub einen *1992er Weißer Burgunder, „Britzinger Sonnhole", Spätlese trocken,* von der **Winzergenossenschaft Britzingen**.

RAUB'S RESTAURANT
Hauptstraße 41
76 456 KUPPENHEIM - OBERNDORF
Tel.: 0 72 25 / 7 56 23 Fax: 0 72 25 / 7 93 78

KALBSKOTELETT
MIT PERIGORD-TRÜFFELN UND KALBSBRIES GEFÜLLT

Für 2 Personen:
2 abgehangene Kalbskoteletts á 250g (mit Knochen)
80 g Kalbsbries
12 g schwarze Trüffel
1 El Spinat, blanchiert
80g Sahnefarce
300 g Pfifferlinge,
Salz, Pfeffer, Öl

Sauce:
20 g Butter
20 g Eschalotten
20 g Noilly Prat
50 g Weißwein
250 g heller Geflügelfond
250 g Crème doûble
1 nußgroßes St. Butter
1 El geschlagene Sahne

Chefkoch Ludwig Bechter empfiehlt Ihnen zu diesem Gericht einen *Freiburger Schloßberg, Grauburgunder trocken, 1990,* vom **Weingut Dr. Heger, Ihringen.**

Sauce: Eschalotten anschwitzen, mit Noilly Prat und Weißwein ablöschen, einreduzieren. Mit Geflügelfond auffüllen, sirupartig einkochen. Crème doûble auffüllen, kochen, mixen, abschmecken. Sauce passieren. Kalte Butter einmixen, mit Sahne vollenden. **Sahnefarce:** Kalbfleisch oder Geflügelfleisch in Würfel schneiden, mit Salz, Pfeffer und Muskat würzen und ca. 1/2 Std. auf Eis kaltstellen. Ankuttern, flüssige Sahne einkuttern, bis geschmeidige Farce entsteht. Durch Sieb streichen, kalt stellen. **Kalbsbries/Kalbskotelett:** Trüffel in Würfel schneiden, in Butter ansautieren, mit Madeira ablöschen. Blattspinat blanchieren und feinhacken. Pfifferlinge putzen und waschen. Kalbsbries wässern, abtrocknen. In Röschen schneiden, mit Salz, Pfeffer würzen, mit Öl und Butter sautieren, kaltstellen. In Kalbskotelett Tasche einschneiden. Kalbsbries, Trüffel und Spinat mit Farce vermengen,in Dressierbeutel geben, Kotelett füllen. Kalbskotelett würzen, anbraten, 10 Min. bei 220°C backen. Kalbskotelett auf Gitter 10 Min. ruhen lassen. Erneut 8 Min. backen, mit Pfifferlingen servieren.

Schloßhotel **BÜHLERHÖHE**
Schwarzwaldhochstraße 1
77 815 BÜHL
Tel.: 0 72 26 / 55 - 8 22 Fax: 0 72 26 / 5 57 77

BADEN
Freiburger
SCHLOSSBERG
Grauburgunder
Trocken
1990

GEFÜLLTER KALBSSCHWANZ „ALTE POST“

Für 4 Personen:
2 Kalbsschwänze ca. 500 g, ausgelöst
***Füllung:** 200 g Kalbfleisch*
50 g Rindermark
50 g Entenleber
75 g Brötchen in Milch aufgeweicht
2 El Zwiebelwürfel
50 g Karottenwürfel
50 g Selleriewürfel
2 Eier
2 Eigelb
gehackter Kerbel
Madeira

Zu diesem Gericht empfiehlt Inhaber und Chefkoch Heiner Mack einen *Spätburgunder Rotwein, Auslese, 1990,* vom **Weingut Emil Marget, Hügelheim.**

Kalbsschwanzinnenseiten salzen und pfeffern, mit Madeira marinieren. Für die Farce Zwiebelwürfel, Gemüsewürfel und Entenleber in etwas Öl andünsten.
Kalbfleisch durch den Wolf drehen, ebenso die Brötchen.
Den Rest der Zutaten mit Masse vermischen und mit Salz, Pfeffer, Muskat abschmecken. Die Farce auf den Kalbsschwänzen verteilen, zuschlagen und gut verschnüren.
Ausgelöste Kalbsschwanzstücke kleinhacken und in Topf anbraten. Etwas Karotten, Sellerie, Zwiebeln und Knoblauch dazugeben. 1 El Tomatenmark unterrühren und kurz miträsten. Die Kalbsschwänze dazugeben und von allen Seiten anrösten. Mit etwas Madeira und Spätburgunder Rotwein ablöschen.
Im 200 Grad heißen Ofen ca. 2 Stunden schmoren. Gelegentlich etwas Rotwein und Kalbsfond angießen. Kalbschwänze herausnehmen und Bratenfond einreduzieren lassen, abpassieren und abschmecken.
Kalbsschwänze in Scheiben schneiden, mit Sauce umgießen.
Dazu servieren wir Schupfnudeln und Marktgemüse.

RESTAURANT - LANDHOTEL **ALTE POST**
Heiner & Dorothea MACK
An der B 3
79 379 MÜLLHEIM
Tel.: 0 76 31 / 55 22 Fax: 0 76 31 / 1 55 24

POT EU FEU VON DER SCHWARZWALDFORELLE
MIT FLUSSKREBSLE

Für 4 Personen:

430 g Mehl — *2 Eier*
3 Eigelb — *1 El Olivenöl*
2 Forellen
2 Eiweiß — *4 dl Sahne*
1 geräuchertes Forellenfilet
1/4 l Fischfond — *10 Safranfäden*
Sherry, Noilly Prat, Pernod
4 Flußkrebsle
etwas Forellenkaviar
kleines, tourniertes oder in Streifen geschnittenes Gemüse
Salz, weißer Pfeffer aus der Mühle

Dazu empfiehlt Küchenchef Markus Baudendistel einen *Klingelberger (Riesling) Kabinett, 1990*, von der **Winzergenossenschaft Oberkirch**.

Aus Mehl, Eiern, Eigelben, Olivenöl und einer Prise Salz einen Teig herstellen und 30 Min. ruhen lassen. Die filierten Forellen in Stücke schneiden und mit dem Eiweiß, Salz und Pfeffer vermengen, 20 Min. kühlen. Die Forellenwürfel im Mixer fein pürieren, die Sahne unterheben. Die Masse durch ein Haarsieb passieren, erneut kaltstellen. 1/3 der Farce wegnehmen und in heißem Salzwasser kleine Klößchen abstechen, 5 Min. ziehen lassen. Unter den Rest der Farce Forellenwürfel heben. Den fertig eingekochten Fischfond mit Salz, Pfeffer, Safran und Alkohol abschmecken. Teig dünn auswellen und auf 10 cm Breite beschneiden. In die Mitte dieser Nudelstreifen in regelmäßigen Abständen kleine Häufchen der Fischfarce setzen, die Teigränder mit Eigelb bestreichen, zusammenklappen und dabei die Ränder zusammendrücken. Die einzelnen Taschen ausstechen. Diese in leicht köchelndem Salzwasser 4 Min. ziehen lassen, dann herausnehmen. In dem selben Wasser die Flußkrebsle 1-3 Min. köcheln lassen, herausnehmen und abschrecken. Das vorher blanchierte Gemüse, Ravioli, Klößchen und das Krebsfleisch nochmals kurz erwärmen, dekorativ auf einem vorgewärmten Suppenteller verteilen, mit dem Safranfond überziehen und mit Forellenkaviar garnieren.

HOTEL - RESTAURANT **ZUR OBEREN LINDE**
Hauptstraße 25 - 27
77 704 OBERKIRCH
Tel.: 0 78 02 / 80 20 Fax: 0 78 02 / 30 30

Baden
Oberkircher
Schloßberg
1990
Klingelberger
(Riesling)
Kabinett

KUTTELN IN WEISSWEIN

Für 6 Personen:

1 kg weich gekochte, fein geschnittene Kutteln
100 g Butter
50 g fein gehackte Zwiebeln
eine Knoblauchzehe
0,5 l trockenen Weißwein
0,1 l Weißweinessig
0,25 l weißer Vermouth
4 Lorbeerblätter
1 Nelke
0,25 l flüssiger Rahm
Gewürze

Vom Metzger 1 kg weich gekochte, fein geschnittene Kutteln verlangen. Diese in 100 g Butter, 50 g fein gehackten Zwiebeln und einer Knoblauchzehe (fein gehackt) anziehen lassen. Ablöschen mit 0,5 l gutem, trockenem Markgräfler Weißwein, 0,1 l Weißweinessig und 0,25 l weißem Vermouth. 4 Lorbeerblätter und eine Nelke dazugeben. Auf die Hälfte einkochen lassen, mit 0,25 l flüssigem Rahm verfeinern und mit Mehlbutter leicht abbinden, durch ein Haarsieb abpassieren. Die Kutteln dazugeben, kurz aufkochen und mit Salz, Pfeffer, Cayennepfeffer, Muskat und etwas frischem Zitronensaft abschmecken. Vor dem Anrichten mit geschlagener Sahne verfeinern und gehackten Schnittlauch darunterziehen.
Dazu servieren Sie Rösti mit Speckwürfeln.

Küchenmeister Hans-Jörg Wittich reicht zu diesem Gericht gerne einen *1992er Hechlers Landwein, Bamlacher Gutedel trocken,* abgefüllt bei der **Familie Hechler** in **Binzen**.

HOTEL - RESTAURANT **MÜHLE**
Familie HECHLER
79 589 BINZEN
Tel.: 0 76 21 / 60 72 - 73 Fax: 0 76 21 / 6 58 08

ATLANTIK-STEINBUTT IN WEISSBURGUNDER

Für 2 Personen:
300 g Atlantik-Steinbutt ohne Haut und Gräten
1 Schalotte
1/2 l Fischfond
1/2 l Weißburgunder
1/4 l Crème doûble
300 g frische Butter
4 frische Krebse
Lauchstreifen
6 Scheiben Sommertrüffel

Den filetierten Atlantik-Steinbutt in eine mit Butter ausgestrichene Form geben, mit Schalotten bestreuen, leicht salzen und mit Weißburgunder und gutem Fischfond angießen.
Dann das Ganze im Ofen auf den Punkt garen.
Von dem Fond abnehmen, passieren und mit Crème doûble einkochen.
Danach mit frischer Butter aufmontieren, abschmecken und den angerichteten Atlantik - Steinbutt damit übergießen.

Das Ganze mit den Krebsschwänzen, Lauchstreifen und Sommertrüffelscheiben garnieren.

Küchenmeister Joachim Möhringer empfiehlt zu diesem Gericht einen *Gutedel, Kabinett trocken, 1992,* vom **Privatweingut H. Schlumberger, Laufen.**

HOTEL RÖMERBAD
Annette und Klaus LAUER
79 410 BADENWEILER
Tel.: 0 76 32 / 7 00 Fax: 0 76 32 / 7 02 00

KALBSBRIES MIT CALVADOSSAUCE
UND GEMÜSEN DER SAISON

Für 4 Personen:

320 g ***Kalbsbries***
Salz
Pfeffer
Zitronensaft

Sauce:
Calvados,
Crème fraîche, Nüsse, Pistazien

Verschiedene ***Gemüse*** *der Saison*

Das Kalbsbries wird gründlich gewässert, kurz blanchiert, enthäutet und von allen Knorpeln befreit. Das Bries in Scheiben schneiden, würzen, mit Mehl bestäuben und von jeder Seite ca. 2 Min. anbraten.

Für die Sauce wird der Calvados in einen kleinen Topf gegeben, reduziert. Dann kommt die Crème fraîche hinzu. Alles bis zur Bindung kochen lassen. Mit Salz und Pfeffer würzen und zum Garnieren einige Walnüsse und Pistazien darübergeben.
Die Gemüse werden wie üblich vorbereitet und kurz im Salzwasser blanchiert. Danach in Butter schwenken, abschmecken und anrichten.

Zum Kalbsbries schmeckt besonders gut ein *1992er Chardonnay Kabinett, ein „Wein aus alten Rebanlagen“* vom **Weingut Ernst Heinemann, Scherzingen**. Dies meint Inhaber und Küchenchef Christoph Scherer.

HOTEL - RESTAURANT **SONNE**
Christoph SCHERER
Baslerstraße 13
79 189 BAD KROZINGEN
Tel.: 0 76 33 / 1 67 66

BADEN · 1992
KABINETT

JUNGE TAUBE AUS DER BRESSE
IN EIGENER SOßE MIT SELLERIE-VARIATION UND GEBACKENEM SALBEI

Für 4 Personen:

*2 **Tauben** aus der Bresse*
Für die Sauce:
1 kg Geflügelknochen
Sellerie
Zwiebeln
Lauch, Karotten
Tomaten für Mirepoix
2 l Geflügelbrühe
etwas Tomatenmark
1/8 l Sasbacher Spätburgunder
etwas Balsam-Essig
Sellerie-Variation:
1 große Sellerieknolle
12 Salbaiblätter

Die gehackten Geflügelknochen mit dem Mirepoix braun anbraten, tomatisieren, mit Geflügelbrühe ablöschen, ca 3 Stunden auskochen, passieren und bis zu 1/8 l einreduzieren. Die Tauben ausnehmen, bis auf das Herz und die Leber. Würzen und 10 Min. goldbraun braten. 5 Min. ruhen lassen, tranchieren und warmstellen. Die Karkassen mit dem Herz und der Leber auspressen. Mit 1/16 l Spätburgunder und etwas Balsam-Essig in die Geflügelsauce geben, abschmecken.
Sellerie-Variation: Den halben Sellerie würfeln und mit gehackten Zwiebeln in Butter andämpfen, mit Rahm ablöschen und weichkochen; im Mixer pürieren. 4 Rauten fingerdick schneiden, blanchieren und mit Sesam panieren, goldbraun braten. Den restlichen Sellerie in hauchdünne Streifen schneiden, etwas mehlieren, in der Fritöse ausbacken. Salbeiblätter kurz ins heiße Fett tauchen. Die tranchierten Tauben auf die Soßenspiegel setzen, ausgarnieren mit Sellerie und Salbei.

Hierzu empfiehlt Sepp Beha, Inhaber und Küchenchef des Restaurants „Inzlinger Wasserschloß", einen *Spätburgunder Rotwein, Sasbacher Lützelberg, Kabinett trocken, 1990,* von der **Winzergenossenschaft Sasbach a.K.**

RESTAURANT
INZLINGER WASSERSCHLOSS
Familie Sepp BEHA
Riehenstraße 5
79 594 INZLINGEN
Tel.: 0 76 21 / 4 70 57

JACOBSMUSCHELN AUF GEBRATENEM WEISSEN SPARGEL

Für 4 Personen:
8 Jacobsmuscheln in der Schale
16 Scheiben neue Kartoffeln gebraten
8 Stangen weißer Spargel, längs durchgeschnitten und auf der Schnittseite gebraten
8 Perlmuttlöffel Kaviar (Sevruga) schwarz
8 Perlmuttlöffel Kaviar (Forellen) rot
Für die Sauce:
1/2 dl Fischfumet
1/2 dl Gemüsefond
2 El Weißweinessig
2 El Weißwein, trocken
Salz, Cayennepfeffer

Die Kartoffeln in der Pfanne braun anbraten. Den Spargel auf der Schnittseite kurz braun anbraten und anrichten. Die Zutaten zur Sauce zusammengeben, aufkochen und ca. 100 g kalte Butter mit dem Mixstab untermixen. Es entsteht eine homogene Sauce, die nochmals aufgekocht wird.
Evtl. nachwürzen. 4 El gekochte, bunte Gemüsewürfel einstreuen und anrichten.

Zu dieser Kreation empfiehlt Ihnen Küchenchef Hans-Paul Steiner einen *Grauen Burgunder, Spätlese, 1990,* vom **Weingut Hermann Dörflinger** in **Müllheim**.

HOTEL - RESTAURANT **HIRSCHEN**
Claude STEINER
Hauptstraße 69
79 295 SULZBURG / BADEN
Tel.: 0 76 34 / 82 08 Fax: 0 76 34 / 67 17

BARBARIE - ENTE NACH GROßMUTTERART

1 Ente (ca. 1,2 kg)
1 El Traubenkernöl
20 g Butter
etwas gehackte Petersilie
Salz
Pfeffer

Vorbereitung 15 Min.
Garzeit 45 Min.

Die Ente säubern und abflämmen, innen und außen salzen und pfeffern. In einer Bratpfanne in Öl und Butter goldbraun anbraten, dann im Ofen bei 200° C weiterbraten lassen.
Nach 20 Min. das ausgelassene Entenfett abgießen, die Frühlingszwiebeln zugeben und noch ca. 20 Min. weitergaren lassen, dabei die Zwiebeln mehrmals wenden. Die Zwiebeln mit Salz, Pfeffer und einer Prise Zucker abschmecken. Beim Anrichten mit gehackter Petersilie bestreuen, mit roh gebratenen Kartoffeln servieren.

Chefkoch Christian Begyn empfiehlt zu seiner Ente einen *Spätburgunder Rotwein, Spätlese, 1990,* vom **Weingut Franz Keller** in **Vogtsburg-Oberbergen**.

GASTHOF UND WEINGUT
SCHWARZER ADLER
Familie Franz KELLER
79 235 VOGTSBURG - OBERBERGEN
Tel.: 0 76 62 / 9 33 00 Fax: 0 76 62 / 7 19

SPARGELTERRINE

Für 6 Personen:

700 g Spargel
120 g Sahne
7 Blatt Gelatine
Salz, weißer Pfeffer
Zucker
Zitronensaft
Einlage:
1 geräuchertes Forellenfilet
100 g geräucherter oder gebeizter Lachs, alles in Streifen schneiden, Spargelspitzen

Eine Form mit ca. 500 - 600 g Volumen mit Klarsichtfolie auslegen.

Den Spargel schälen, kochen und in Eiswasser abschrecken. Spitzen abschneiden und kaltstellen für die Einlage. Den Rest Spargel im Mixer pürieren, durch Sieb streichen und würzen. Die eingeweichte und aufgelöste Gelatine sehr rasch in das Spargelpüree einrühren und danach die steifgeschlagene Sahne unterheben. Schnell lagenweise Spargelpüree, Fisch und Spargelspitzen in die gekühlte Form einfüllen (Spargelpüree wird schnell fest !).
Reizvoll ist es, wenn die Spargelspitzen mit Lachsscheiben umhüllt werden. Gut gekühlt servieren.

Peter Birmele, Chefkoch der Winzerstube, empfiehlt hierzu einen *Ihringer Winklerberg, Silvaner Kabinett trocken, 1990,* von der **Winzergenossenschaft Ihringen.**

HOTEL - RASTAURANT **WINZERSTUBE**
Familie Peter BIRMELE
Wasenweilerstraße 36
79 241 IHRINGEN A/K
Tel.: 0 76 68 / 50 51 Fax: 0 76 68 / 93 79

GÄNSELEBER MIT ARTISCHOCKEN
IM OCHSENSCHWANZGELÈE

Für 10 Personen:
1 Ochsenschwanz in Stücke geschnitten
1 Karotte — 1 Stange Lauch
4 Knoblauchzehen — 6 Schalotten
1 kleines St. Sellerie — 4 Tomaten
1/4 l Rotwein — 12 Blatt Gelantine
100 g durchgedrehte Rinderwade
Wacholderbeeren, Nelken
Lorbeerblatt, Rosmarin, Thymian
Chilischoten — 2 Eiweiß
***Gänseleber:** 900 g Gänsestopfleber*
15 g Salz, 5 g Pökelsalz, Zucker
3 cl Noilly Prat, 3 cl weißer Portwein
2 cl Armagnac — 1 cl Madeira
Spickspeck in Scheiben, weißer Pfeffer
5 gekochte Artischockenböden

Ochsenschwanz in Olivenöl anbraten, 3/4 der Wurzelgemüse dazugeben und weiterrösten. Tomaten hinzugeben und mit Wein ablöschen. Gewürze hinzufügen und mit Wasser auffüllen. Fleisch abpassieren und kühlen. Restl.Gemüse mit Eiweiß und Rindfleisch mischen und zur kalten Brühe geben. 20 Min. köcheln lassen. Mit Salz abschmecken, abpassieren und die Gelantine dazugeben. Sherry und Portwein zum Gelee geben. In Terrinenform 1 cm Gelee einfüllen, abkühlen. Gänseleber und Artischocken in Scheiben schichtweise in Terrinenform einfüllen, mit Gelee auffüllen. Nach ca. 5 Std. Terrine stürzen, mit Kräutersalat anrichten.

Gehäutete **Gänseleber** aufschneiden, Nerven ziehen. Grüne Stellen ausschneiden. Leber mit Gewürzen und Alkohol ca. 12 Std. im Kühlschrank marinieren. Terrinenform mit Speck auslegen, Leber in Form pressen. Speckscheiben über Leber zusammenklappen. Terrine verschließen. Im Wasserbad bei 110°C ca. 20 Min. pochieren. Unter Druck auskühlen lassen.

Inhaber und Küchenchef Wilfried Serr empfiehlt dazu einen *Mauerberg Riesling im Bocksbeutel, Kabinett trocken, 1990,* von der **Winzergenossenschaft Neuweier.**

RESTAURANT **ZUM ALDE GOTT**
Familie Wilfried und Ilse SERR
Weinstraße 10
76 534 BADEN - BADEN / NEUWEIER
Tel.: 0 72 23 / 55 13 Fax: 0 72 23 / 6 06 24

RIESLING
KABINETT
1990

KARTOFFEL - GEMÜSE - GRATIN
MIT BLAUMOHN UND PAPRIKAPÜREE

Für 4 Personen:
4 mittelgroße, kochfeste Kartoffeln
4 mittlere Möhren
1 Stange Lauch
1/2 Knoblauchzehe
5 Volleier
1/2 l süße Sahne
1 Kaffeelöffel weiche Butter
1 Kaffeelöffel Blaumohn
2 rote und 2 gelbe Paprikaschoten
Backzeit bei 180° C ca. 40 Min.

Herbert Duffner, als Inhaber der „Schöne Aussicht", serviert hierzu gerne einen *Riesling „Alde Gott", Kabinett trocken, 1992*, von der **Winzergenossenschaft Sasbachwalden.**

Knoblauchzehe pürieren, damit eine feuerfeste Form ausreiben, buttern. Die rohen Kartoffeln in Scheiben schneiden, den Formboden damit auslegen. Die Karotten längs in feine Scheiben schneiden und auf die Kartoffeln auslegen, dann wieder eine Lage Kartoffeln. Den gewaschenen Lauch kurz blanchieren und in Eiswasser abschrecken. Damit die oberste Kartoffellage bedecken. Abschließend erneut eine Lage Kartoffeln. Für die Royalmasse Eier und Sahne verquirlen und mit Muskat, Salz und Pfeffer würzen. Über die Kartoffel-Gemüsemischung verteilen. Darüber den Mohn streuen.
Für die **Paprikapürees** den Paprika entkernen, entstielen und gut waschen. In Würfel schneiden und im fingerbreiten Wasser weichkochen. Einen Schuß Sahne zufügen und mit dem Mixer pürieren; abschmecken mit Salz und Pfeffer. Die Paprikasorten müssen getrennt gekocht werden!
Anrichten: 2 El gelbe Paprikasauce und 2 El rote Sauce auf einen warmen Teller geben. In die Mitte eine ausgestochene Portion des Gemüse-Kartoffel-Gratins setzen. Eine kleine Garnitur aus angemachtem Sprossensalat anlegen.

SPORTHOTEL **SCHÖNE AUSSICHT**
Familie Herbert DUFFNER
78 132 HORNBERG - NIEDERWASSER
Tel.: 0 78 33 / 2 90 + 14 90 Fax: 0 78 33 / 16 03

SAURES KALBSLEBERLE MIT BRÄGELE

Für 4 Personen:

600 g Kalbsleber ohne Haut, in dünne Scheiben geschnitten,
ca. 40 g Fett
ca. 20 g Butter
6 El Zwiebelwürfel
1 El Mehl
1/8 l Kalbsjus
1/8 l trockenen Weißwein
1 El Sherry-Essig
Pfeffer aus der Mühle, Salz
nach Wunsch 4 El Sahne

In heißem Fett die Zwiebeln kurz anbraten, die Leberstreifen dazugeben, ca. 2-3 Min. stark anbraten, würzen, mit Mehl bestäuben und in der Pfanne schwenken. Die Butter dazugeben, mit Kalbsjus, Weißwein und Sherry-Essig ablöschen; kurz aufkochen. Nach Wunsch die Sahne dazumischen. Mit frischem Salbei-Julienne anrichten.
Für die Brägele ca. 1 kg Pellkartoffeln zur Zimmertemperatur erkalten lassen, in dünne Scheiben schneiden und in ca. 60 g Butterschmalz goldbraun anbraten. 2 - 4 mal im Ganzen in der Pfanne wenden und anrichten.
Die Leber würzen, etwas Butter darunterschwenken, 2 El. Kalbsjus dazugeben, reduzieren (1-2 Min.) und mit frischem Salbei anrichten.

Dazu empfiehlt Chefkoch und Inhaber Johannes Isaak einen *Ehrenstetter Oelberg, Spätburgunder Rotwein, 1990, Kabinett trocken,* vom **Weingut Isaak, Merzhausen**.

GASTHAUS **ZUM HIRSCHEN**
Johannes ISAAK
79 249 MERZHAUSEN - FREIBURG
Tel.: 07 61 / 40 22 04

1990
Ehrenstetter Oelberg
Spätburgunder Rotwein
KABINETT TROCKEN
BADEN

GEFÜLLTE SPANFERKELSCHULTER
MIT WIRSINGKÖPFLE UND QUARK - KARTOFFELKÜCHLE

Für 4 Personen:
1 Spanferkelschulter ca. 1 kg
3 Brötchen *1 dl Milch*
2 Eier *2 Schalotten*
8 Morcheln *8 Champignons*
Butter, Salz, Pfeffer, Muskat
Wirsingköpfle:
1 Wirsing *2 Schalotten*
5 cl Kraftbrühe *Butter, Salz, Pfeffer*
Quark-Kartoffelküchle:
200 g Quark
200 g gekochte Kartoffeln
Muskat, Salz, Pfeffer *etwas Mehl*

Aus Schulter Blattknochen und mittleren Gelenkknochen auslösen, mit Pfeffer und Salz würzen. Brötchen in Würfel schneiden und in Milch aufweichen. Gehackte Schalotten in Butter anziehen; Morcheln und Champignons darin dünsten und würzen. Zwei Eier zu Brötchen geben und vermischen. Mit dieser Masse die Schulter füllen, nachdem sie mit Schweinenetz umhüllt und gebunden wurde. Schulter im Ofen schmoren und Soße ziehen. Wirsing zerlegen und blanchieren, abschrecken. Die schönen Blätter für den Mantel reservieren. Rest in Streifen schneiden. Gehackte Schalotten in Butter dünsten, Wirsingstreifen zugeben und mit Kraftbrühe ablöschen. Blanchierte Blätter in Schöpflöffel legen und mit Wirsingstreifen füllen, andrücken, stürzen. In Butter und Kraftbrühe warmdämpfen. Quark gut ausdrücken, Kartoffeln durch Presse drücken und im Ofen ausdämpfen. Beide Massen vermengen, würzen und zu Rollen formen; auskühlen lassen. In 1 cm starke Scheiben schneiden und in Mehl wenden; goldgelb ausbacken.

Zu dieser Spanferkelschulter empfiehlt Küchenchef Michael Adler einen *1991er Weißen Burgunder, Breisacher Eckartsberg, Kabinett trocken,* vom **Weingut Gebrüder Müller** in **Breisach.**

RESTAURANT **FUCHSHÖHLE**
Familie Michael ADLER
Münsterplatz 24
79 713 BAD SÄCKINGEN
Tel.: 0 77 61 / 73 13

ZARTER GEISLEBRATEN IN DUFTENDEM SOMMERHEU

Für 10 Personen:

Junges Geisle

Gemüse *der Saison*

Zutaten für Brennesselnüdele:
970 g Mehl
40 g Hartweizengrieß
8 Eier
1 El gutes Öl
Salz, Muskatnuß
1 gute handvoll Brennesselspitzen

Junges Geisle beim Bauern kaufen und 5-6 Tage ablagern. Bratenstück aus der Keule auslösen und gut anbraten. Aus biologisch brachliegender Wiese mit Wildkräutern Sommerheu mähen. Das Sommerheu wird in einer fertigen Bratensoße zum Konzentrat gebracht. Auf dem Sommerheu den Geislebraten ca. 10 Min. nachgaren lassen.
Das Gemüse al dente kochen und nach eigener Geschmacksnuance würzen.
Brennesseln waschen, abtropfen lassen und fein pürieren. Alle Zutaten in einer Schüssel verrühren. Es entsteht eine Kugel, die gut durchgeknetet werden muß. Fertige Teigkugel über Nacht kalt stellen. Teig dünn auswellen und Nudeln in der gewünschten Stärke ausrädeln. Nudeln in sprudelndem Salzwasser aufkochen, abseien und mit kaltem Wasser abschrecken. Kurz vor dem Anrichten mit Butter in der Pfanne anschwenken.

Inhaber Lothar Koch empfiehlt einen *1992er Oberrotweiler Käsleberg, Weißer Burgunder, Spätlese trocken,* vom **Weingut Bercher Erben & Schmidt** aus **Oberrotweil**.

GASTHAUS **ZUM KAISERSTUHL**
Familie Lothar KOCH
79 235 VOGTSBURG - NIEDERROTWEIL
Tel.: 0 76 62 / 2 37

TAUBE IM BLÄTTERTEIGMANTEL

Für 4 Personen:

4 Taubenbrüste
4 Taubenkeulen
100 g Poulardenfleisch
1 Eiweiß
120 g Crème-doûble
Salz
Pfeffer, weiß, aus der Mühle
etwas Cognac
Gemüsewürfel (Karotten, Lauch, Sellerie)
oder Pilze nach Wahl
einige Spinatblätter
Blätterteig
1 Eigelb

Taubenbrüste und Keulen enthäuten. Aus den Keulen den Oberschenkelknochen auslösen, die Gelenkkugel abtrennen. Aus dem Poulardenfleisch, dem Eiweiß und der Créme-doûble eine Farce herstellen, abschmecken mit Salz, weißem Pfeffer und etwas Cognac. Verfeinern mit den vorgegarten Gemüsewürfeln oder mit Pilzen. Den Spinat blanchieren und auf einem Tuch zu einem Rechteck auslegen. Dabei sollte die glatte Blattseite nach oben liegen. Die Keulen würzen, mit der Hautseite auf den Spinat legen und mit etwas Farce bestreichen. Brüste würzen, mit der spitzen Seite zum Keulenknochen auflegen, leicht andrücken und die obere Seite ebenfalls mit Farce bestreichen. Die Spinatlage so beschneiden, daß die Taube mit Spinat umhüllt werden kann. Dann nochmals in Blätterteig einhüllen, mit Eigelb bestreichen und im Ofen bei 180° C ca. 8 Min. backen und vor dem Aufschneiden 1-2 Min. ruhen lassen.

Küchenchef Johann Kraxner empfiehlt zu dieser Spezialität einen *Spätburgunder Rotwein, Oberrotweiler Eichberg, Spätlese trocken,* vom **Weingut Freiherr von Gleichenstein, Oberrotweil.**

HOTEL - GASTHAUS **ZUM ADLER**
Hansjörg WÖHRLE
Hauptstraße 139
79 576 WEIL AM RHEIN
Tel.: 0 76 21 / 7 50 55 Fax: 0 76 21 / 7 56 76

KLÖSSCHEN VOM TITISEEHECHT AUF DILLSCHAUMSAUCE

Für 4 - 6 Personen:

400 g frisches Hechtfilet, 1/8 l Sahne, Eiweiß von 3 Eiern, 2 El Crème fraîche, 4 g Salz, 2 g weißer Pfeffer aus der Mühle, 1 Spritzer Noilly Prat

Für den Fond: *2 kg Fischcarcassen, 1 l Riesling, 1 l Wasser, 2 El Olivenöl, 2 Lorbeerblätter, 4 g gestoßener Pfeffer, je 50 g Lauch, Zwiebeln und Sellerie.*

Für die Sauce: *40 g Butter, 20 g Mehl, 2 cl Sahne, 2 El Crème fraîche, 4 g geschnittener, frischer Dill.*

Für die Farce: Hechtfilet durch den Fleischwolf drehen, im Tischkutter mit den Zutaten fein kuttern. Masse durch Küchensieb streichen (wegen der Gräten) und kühl stellen.
Für den Fond: Klein geschnittene Fischcarcassen und das Gemüse in Olivenöl kurz angehen lassen, mit Weißwein und Wasser auffüllen, Gewürze dazugeben und ca. 1 Std. köcheln lassen, anschließend durch Passiertuch abpassieren.
Für die Sauce: Butter zergehen lassen, mit dem Mehl bestäuben und mit der Hälfte des Fonds auffüllen, 5 Min. unter ständigem Rühren durchkochen. Vollenden mit Sahne und Crème fraîche. Kurz vor dem Anrichten klein geschnittenen Dill unterheben. Mit El die kaltgestellte Farce in der Größe einer Walnuß abstechen und im restlichen Fond ziehen lassen. Nach ca. 5 Min. Klößchen mit El vorsichtig im Fond wenden, nach weiteren 5 Min. sind sie gar.
Mit Zucchinifächer und Reis anrichten und servieren.

Küchenchef Christian Lade empfiehlt einen *Stauffener Schloßberg, Riesling, Spätlese trocken,* vom **Weingut H. Ulmann, Stauffen**.

TRESCHERS SCHWARZWALDHOTEL AM SEE
Hansjörg TRESCHER KG
Seestraße 10
79 822 TITISEE - NEUSTADT
79 815 TITISEE - NEUSTADT Postfach 2051
Tel.: 0 76 51 / 81 11 Fax: 0 76 51 / 81 16

MAIS - POULARDENBRÜSTCHEN MIT STEINPILZMANTEL

Für 4 Personen:
4 Poulardenbrüstchen
200 g Steinpilze
1 Schweinenetz
100 g Geflügellebercreme
***Sauce:** 1/4 l Geflügelfond,*
1/8 l Grauburgunder,
Sahne, Crème fraîche, Salz
Sellerie-Apfel-Püree:
1/2 Sellerie, 2 Boskopfäpfel
Salz, geschlagene Sahne
2 große Karotten
Tomatennudeln:
2 kleine Eier, 1/4 Tl Salz, 200 g Mehl, 20 g Butter, 2 El Tomatenmark

Poulardenbrüstchen würzen und von beiden Seiten anbraten. Mit der Creme bestreichen. Die Pilzscheiben fächerförmig anlegen. In Schweinenetz einwickeln und bei mäßiger Hitze fertig garen.
Sauce: Geflügelfond und Wein einkochen lassen. Mit Sahne und Crème fraîche verfeinern, abschmecken.
Sellerie-Apfel-Püree: Sellerie und Äpfel zu einem dicken Mus verkochen und abschmecken. Karotten in etwa 3 cm dicke Scheiben schneiden, aushöhlen und abkochen. Das Püree mit dem Spritzbeutel einfüllen. Eier, Salz, Mehl und Tomatenmark zu einem glatten Teig verarbeiten. 30 Min. ruhen lassen. Hauchdünn ausrollen und etwa 3 mm dicke Nudeln schneiden, trocknen lassen. Ca. 1 Min. kochen, abschütten und kalt abbrausen.
Dazu Tomatennudeln servieren.

Zu diesen Poulardenbrüstchen paßt besonders gut ein *Achkarrer Schloßberg, Grauer Burgunder, Spätlese trocken, 1992,* von der **Winzergenossenschaft Achkarren**, meint Küchenchef Michael Wald.

HOTEL - RESTAURANT **ZUR KRONE**
Familie HÖFFLIN
79 235 VOGTSBURG - ACHKARREN
Tel.: 0 76 62 / 7 42 und 69 19 Fax: 0 76 62 / 87 15

REHRÜCKEN BADEN - BADEN

Für 4 Personen:
*1 **Rehrücken**, ca. 1250 g*
50 g kleingeschnittene Zwiebeln
8 gequetschte Wacholderbeeren
1/4 l Wildgrundsauce *80 g Fett*
1/4 l Crème fraîche *2 Birnen, halbiert*
Johannisbeergelèe *Zitronensaft*
50 g Butter, Salz, Pfeffer
Wildgrundsauce:
500 g Wildparüren *100 g Fett*
100 g Zwiebeln *100 g Karotten*
10 g Tomatenmark *1/2 l Rotwein*
100 g Champignons
100 g Sellerieknolle
Zerdrückte Pfefferkörner,
Wacholderbeeren, Thymianzweig,
1/2 Lorbeerblatt

Rehrücken von Häuten und Sehnen befreien, mit Salz und Pfeffer würzen. Bratgeschirr mit Fett erhitzen, Rehrücken kurz auf den Fleischseiten anbraten, dann mit der Knochenseite nach unten legen und in einen auf 230° C erhitzten Ofen schieben. Während der Bratzeit von 15-18 Min. mehrmals mit Bratfett begießen. Zuletzt Zwiebeln und Wacholderbeeren um den Rehrücken streuen und braun werden lassen. Rehrücken auf Gitter setzen. Fett abgießen, Bratensatz mit Wildgrundsauce auffüllen, Crème fraîche zugeben und kochen lassen. Mit Zitronensaft, Pfeffer und Butter abschmecken. Rehrücken tranchieren und mit 4 halben Birnen, gefüllt mit Johannisbeergelee, anrichten. **Sauce:** Wildparüren und Knochen mit Fett im Topf braun anbraten, Rostgemüse zugeben, mit Tomatenmark versehen, langsam weiterrösten. Champignons hinzugeben und mit Rotwein ablöschen, reduzieren. Gewürze zugeben und ca. 2 Stunden kochen. Sauce immer wieder abschäumen und entfetten. Mit Spätzle und Pfifferlingen servieren.

Zu dieser badischen Spezialität empfiehlt Küchendirektor Albert Kellner als passenden Wein eine *Spätburgunder Auslese, 1990, trocken,* vom **Weingut Stigler, Ihringen**.

BRENNER´S PARK HOTEL
An der Lichtentaler Allee
Schillerstraße 6
76 530 BADEN - BADEN
Tel.: 0 72 21 / 90 00 Fax: 0 72 21 / 3 87 72

DAS BESTE VOM REH

Für 4 Personen:
1 Rehleber
2 Nieren, 1 Herz
250 g Rehrücken, ausgelöst
150 g Farce (hergestellt aus 100g Rehfleisch, 50 g Sahne, einem Ei)
10 große Spinatblätter
1 Schweinenetz

Pfifferlinge und Steinpilze ca. 150 g pro Person
1 kleiner Kopf Wirsing
verschiedene Gemüse, ca. 80 g pro Person (Rohgewicht)
1/4 l Rehjus aus den Abschnitten und Knochen hergestellt

Die Innereien gut waschen und mit einem Küchentuch trocken abreiben. Das Rückenfilet mit der Farce bestreichen und in die blanchierten Spinatblätter einpacken. In das Schweinenetz einrollen, in einer Pfanne von allen Seiten gut anbraten und für ca. 12 Min. in den vorgeheizten Backofen (220 Grad) stellen.
In der Zwischenzeit die Gemüse putzen und in Salzwasser blanchieren. Die Pilze abschaben oder kurz waschen, kleinschneiden und in schäumender Butter sautieren. Den Rehrücken nach dem Braten einige Min. abgedeckt ruhen lassen. Innereien ganz kurz in schäumender Butter anbraten, letztlich mit Salz und Pfeffer würzen.
Zuerst den Wirsing anrichten, dann den Rehrücken in Tranchen aufschneiden. Innereien gefällig anrichten und mit Pilzen und Gemüsen ausgarnieren.
Sauce abschmecken und über die Rehleber geben.

Juniorchef Karl-Josef Fuchs empfiehlt hierzu einen *Spätburgunder Rotwein, Steingrüble „Barrique", Spätlese*, von der **Winzergenossenschaft Königschaffhausen**.

ROMANTIK HOTEL **SPIELWEG**
Familie FUCHS
79 244 MÜNSTERTAL
Tel.: 0 76 36 / 70 90 Fax: 0 76 36 / 7 09 66

1990
BADEN

GEFLÜGEL - AGNOLOTTI IN KERBELBUTTER

Für 6 - 8 Personen:

Nudelteig:
400 g Mehl
2 ganze Eier und 3 Eigelb
1 El Olivenöl extra vergine
1 El Weißwein — *1 Prise Salz*

Füllung:
300 g Geflügelfleisch — *1 Schalotte*
1 Lorbeerblatt — *1 dl Weißwein*
Salz und Pfeffer — *Butterschmalz*

Sauce:
1/2 l kräftige Hühnerbrühe
100 g Butter — *1/2 Bund Kerbel*

Garnitur:
1/2 Bund Kerbel
geriebener Parmesan

Nudelteig: Aus allen Zutaten einen festen Teig bereiten und zugedeckt 1 Stunde ruhen lassen.
Füllung: Geflügel in Würfel schneiden, mit Salz und Pfeffer würzen. In Butterschmalz mit Lorbeerblatt anbraten und mit Weißwein ablöschen. Wasser zugeben und ca 20 Min. zugedeckt schmoren, dann abkühlen lassen. Fleisch pürieren.
Agnolotti: Den ausgeruhten Nudelteig sehr dünn in ca. 10 cm breite Streifen ausrollen. Kleine Häufchen von der Fleischmasse mit 3 cm Abstand in die Mitte der Teigplatte setzen. Ränder leicht mit feuchtem Pinsel bestreichen. Teigplatte über die Fleischhäufchen klappen und rundherum andrücken. Agnolotti mit Hilfe eines Teigrädchens viereckig abrollen.
Sauce: Hühnerbrühe zum Kochen bringen, frische Butter und Kerbel zugeben. 3 Min. kochen lassen. Zwischenzeitlich die Agnolotti in Salzwasser ca. 2 Min. abkochen, vorsichtig herausnehmen und in die Sauce geben. 1 Min. ziehen lassen. Anrichten mit abgezupftem Kerbel und geriebenem Parmesan.

Antonino Esposito, Restaurantinhaber und Küchenchef, rät zu einem *Grauen Burgunder, 1992, aus der Serie „Markgraf Georg Friedrich"* von der **Winzergenossenschaft Laufen**.

RESTAURANT **LA VIGNA**
Weinstraße 7
79 295 SULZBURG
Tel.: 0 76 34 / 80 14

Baden Markgräflerland
Markgraf
Georg Friedrich
Qualitätswein trocken
1991er

BADEN
BADEN
COINTREAU
RIESLING

ZANDERFILET AN RIESLING

Für 4 Personen:

800 g Zanderfilet
1 dl Fischfond
1 Glas Riesling
2 Schalotten
100 g Crème fraîche
80 g Butter
1/2 Zitrone (Saft)
Salz, weißer Pfeffer aus der Mühle
200 g frischer Blattspinat
0,5 dl Sahne
400 g Nudeln

Die Zanderfilets im Fischfond pochieren, den Riesling, Zitronensaft und gehackte Schalotten zugeben.
Mit Salz und Pfeffer würzen. Die Nudeln in leicht gesalzenem Wasser abkochen.
Den Blattspinat waschen und blanchieren; abtropfen lassen. Die Sahne mit dem Blattspinat leicht aufwärmen und abschmecken.
Die pochierten Zanderfilets herausnehmen und die Sauce auf die Hälfte reduzieren lassen. Crème fraîche hineingeben und mit dem Pürierstab die eiskalte Butter einarbeiten. Mit Salz, Pfeffer und einigen Tropfen Zitronensaft würzen. Die Zanderfilets auf den Blattspinat setzen, mit Rieslingsauce überziehen und die Nudeln separat anrichten.

Zu diesem Fischgericht empfiehlt Chefkoch Robert Roehn einen *Bischoffinger Weißer Burgunder, Qualitätswein trocken, 1992*, von der **Winzergenossenschaft Bischoffingen**.

SCHLOSS - RESTAURANT
IM EUROPAPARK **RUST**
77 977 RUST / BADEN
Tel.: 0 78 22 / 77-0 Fax: 0 78 22 / 7 72 77

Schloß Ruff
1442

LASAGNE VON GERÄUCHERTEM LACHS
MIT SPARGELMOUSSE AN WILDEM SPARGEL

Für 8 Personen:

400 g geräucherter Lachs
400 g gekochter Spargel
100 g Crème fraîche
100 g geschlagene Sahne
10 Blatt Gelantine
Salz, Pfeffer
50 g Butter
Für die Garnitur:
400 g wilder oder grüner Spargel

Den Spargel kochen und im Mixer mit der Butter und Crème fraîche pürieren und passieren.
Die eingeweichte Gelatine in die warme Masse rühren und alles kaltstellen.
Nach einer Stunde die geschlagene Sahne unterheben. Schichtweise Lachs und Spargelmousse in eine mit Klarsichtfolie ausgelegte Form einschichten. 3-4 Stunden im Kühlschrank stehen lassen.

Zu diesem Frühlingsgericht eignet sich nach Ansicht von Chefkoch Friedrich Zehner ein *Weißer Burgunder, Pfaffenweiler Batzenberg, 1991, Kabinett trocken,* von der **Winzergenossenschaft Pfaffenweiler.**

Restaurant **ZEHNER`S STUBE**
Familie Friedrich ZEHNER
Weinstraße 39
79 292 PFAFFENWEILER
Tel.: 0 76 64 / 62 25

JAGDFASAN WINZERIN ART

Für 4 Personen:

2 ganze Fasanen
4 Scheiben Bauchspeck
200 g abgezogene, blaue Trauben
2 Scheiben Weißbrot
Für die Soße:
100 g Zwiebeln — *80 g Karotten*
80 g Lauch — *80 g Sellerie*
1/2 l Hühnerbrühe
1/2 l Spätburgunder Rotwein
Wacholder, Thymian, Rosmarinzweig
2 El Crème doûble
Für das Kraut:
1 kg Sauerkraut — *1 Zwiebel*
1/4 l Weißwein
Für das Püree:
1 kg Kartoffeln
Milch
Butter
Muskat, Salz, Pfeffer

Die beiden gerupften Fasanen auswaschen, trockentupfen, würzen mit Salz und Pfeffer, mit Speck umwickeln und in wenig Öl beidseitig anbraten, dann bei 170°C unter öfterem Begießen ca. 35 Minuten braten und warmstellen.
Den Bratensatz mit dem Gemüse anrösten, mit Wein ablöschen und mit Hühnerbrühe auffüllen. Gewürze hinzugeben und auf 1/3 einreduzieren. Durchs Haarsieb passieren und mit Crème double verfeinern, abschmecken.
Für das Kraut 1 Zwiebel in Würfel schneiden und in Schweineschmalz andünsten. Kraut und Wein dazugeben, mit Gewürzbeutel würzen und weichkochen. Mit 2 St. mittleren, geriebenen Kartoffeln binden und abschmecken. Das Püree anrichten, wie gewohnt. Weißbrot und Speckscheiben in Streifen schneiden, in Butter ganz kross braten, die abgezogenen Trauben dazugeben, durchschwenken und über die Fasanen geben.

Diese Fasanen munden nach Ansicht von Küchenchef Richard Dutter besonders gut mit einem *Glottertäler Eichberg, Spätburgunder Weißherbst Kabinett, 1992,* vom **Weingut Salwey** im **Glottertal**.

GASTHAUS **ZUM ADLER**
Glottertal (Schwarzwald)
79 286 GLOTTERTAL
Tel.: 0 76 84 / 2 31 + 10 81 Fax: 0 76 84 / 10 83

1992
Qualitätswein mit Prädikat

SCHWEINEFILET IN DER KARTOFFELKRUSTE

Für jeweils eine Person:

130 g Schweinefilet

1 große Kartoffel
Salz, Pfeffer aus der Mühle
etwas Mehl

Gemüse nach Wahl

130 g Schweinefilet sehr sauber geputzt. Kartoffelspaghetti von einer großen, geschälten Kartoffel. Die Maschinen hierfür können gegebenenfalls über den Hebelhof bezogen werden. Würzen mit Salz und Pfeffer aus der Mühle. Das Schweinefilet mit den Spaghetti einwickeln und in Mehl wenden. In heißem Fett von allen Seiten anbraten und 10 Min. in den auf 180° C vorgeheizten Ofen schieben. Das Filet in ca. 3 cm große Scheiben schneiden und auf Rotwein-Saucenspiegel anrichten. Mit Gemüse nach Wahl servieren.

Dazu empfiehlt Inhaber und Küchenchef Rolf Kallmann einen *Spätburgunder Rotwein „Schliengener Sonnenstück", trocken,* vom **Weingut Blankenhorn** in **Schliengen**.

LANDGASTHOF - HOTEL **HEBELHOF**
KALLMANN GmbH
79 415 BAD - BELLINGEN / HERTINGEN
Tel.: 0 76 35 / 10 01 + 10 02 Fax: 0 76 35 / 33 22

FLUSSAAL IN SALBEISOSSE MIT FRISCHEN FLUSSKREBSEN

Für 6 - 8 Personen:
10 ***Krebse*** *á 70 g*
1/4 l Weißwein
Sellerie, Lauch, Karotten
Schalotten, Dill
2 ***Aale*** *á 600 g*
100 g feingeschnittene Schalotten
100 g Champignons *100 g Butter*
2 dl trockener Riesling
2 dl Sahne *4 Salbeiblätter*
1 El pürierter Salbei
2 Stiele Blattpetersilie
grobes Meersalz und Pfeffer

Juniorchef Gabriel Götz und Küchenchef Reinhard Witschurke empfehlen als Getränk einen *Grauburgunder „Hex vom Dasenstein" Kabinett trocken,* von der **Winzergenossenschaft Kappelrodeck.**

Das in feine Streifen geschnittene Gemüse in Butter andünsten und mit Weißwein angießen. Krebse, Dill, Salz dazugeben, Topf abdecken und Krebse 3-4 Min. dünsten. Krebse entnehmen, auskühlen lassen und ausbrechen. Fond abgießen, darin Krebsschwänze vor dem Anrichten wieder erwärmen.
Die Aale auf der Bauchseite vom Schwanz bis zum Kopf aufschneiden. Innereien entfernen und Fische auswaschen. Am Aalkopf einen Rundschnitt machen, und mit einer Zange die Haut abziehen. Vom Rückgrat her Einschnitt machen und Filets auslösen. Das helle Fleisch des Aals vom dunklen Fettgewebe trennen, die Filets in Stücke schneiden und würzen.
60 g Butter in Kasserolle erhitzen und Fischstücke beidseitig kurz anbraten. Schalotten und Champignons dazugeben. Mit Riesling ablöschen, Salbeiblätter und Petersilienstiele dazugeben. 5 Min. bei leichter Hitze köcheln lassen. Aal herausnehmen und warm stellen. Den Sud durch feines Sieb in Kasserolle passieren und auf die Hälfte einkochen. Die Sahne mit dem Salbei mischen, in die Soße geben, abschmecken und etwas geschlagene Sahne unterheben. Nicht mehr kochen! Als Beilage feine Nudeln anrichten.

HOTEL GÖTZ SONNE EINTRACHT
Hauptstraße 112
77 855 ACHERN
Tel.: 0 78 41 / 64 50 Fax: 0 78 41 / 64 56 45

FILET VOM ZANDER MIT KREBSSCHWÄNZEN

Für 4 Personen:
1,2 kg Flußkrebse
480 g Zanderfilet
4 Schalotten
1 Zwiebel *1 Bund Stangenlauch*
2 Karotten *1 Bund Dill*
2 g Kümmel
2 Tomaten *1 El Tomatenmark*
3 cl Weinbrand
1 cl Noilly Prat *0,4 l Weißwein*
0,4 l Fischfond *0,2 l Sahne*
2 El geschlagene Sahne *60 g Butter*

Küchenchef Winfried Böttcher rät zu einem *1991er Weißen Burgunder, „Barrique"*, vom **Weingut Karl H. Johner** in **Bischoffingen**.

Die Krebse kommen in kochendes Wasser, das vorher mit einer Zwiebel, einer Karotte, Lauch, Dill, Knoblauch, Kümmel, Paprika, Pfeffer und Salz gewürzt wurde. Einmal aufkochen lassen und die Krebse in Eiswasser abschrecken. Fleisch aus den Schwänzen brechen und die Därme ziehen.
Die Karkassen von den Krebsen mit einem Mörser zerkleinern und in Olivenöl mit den Schalotten, Möhren, Sellerie, Tomaten und Knoblauch gut anrösten. Dazu Tomatenmark unterrühren, mit Weinbrand flambieren. Den Fischfond mit 0,2 l Weißwein auffüllen und ca. 45 min. kochen lassen. Durch ein Spitzsieb passieren, flüssige Sahne zugeben und auf 1/4 reduzieren.
Das Zanderfilet zu je 120 g schneiden, würzen mit Salz und Pfeffer, auf ein gebuttertes Blech mit einer kleingeschnittenen Schalotte legen und mit Weißwein angießen. 5 Min. in einem 180° C warmen Ofen garen lassen.
Die Krebsschwänze in etwas Fond warm machen, Sauce mit der geschlagenen Sahne und kalter Butter aufmontieren. Abschmecken mit Salz, Pfeffer und Noilly Prat. Saucenspiegel auf den vorgewärmten Teller; Zanderfilet und Krebsschwänze anrichten, mit etwas Gemüse nach der Saison garnieren und mit Nudeln servieren.

MÖNCH'S POSTHOTEL
Familie MÖNCH
76 332 BAD HERRENALB
Tel.: 0 70 83 / 74 40 Fax: 0 70 83 / 7 44 22

1991

PANACHÉ VON MEERESFRÜCHTEN
MIT SÜDLICH GEWÜRZTEM OLIVENÖL

Für 4 Personen:
2 kleine Rotbarben á 150 - 180 g
Wolfsbarschfilet á 200 g
160 g Steinbuttfilet
2 große Jakobsmuscheln mit Rogen
2 Langoustinen *4 kleine Gambas*
20 Kartoffeln *16 grüne Spargel*
Thymian, Basilikum, Petersilie
2 El feine Gemüsestreifen, blanchiert
Vinaigrette: *4 cl Balsamico-Essig*
16 cl Olivenöl, extra vergine
2 getrocknete Tomaten in Würfeln
1 El feine Paprikawürfel (Brunoise)
1 zerriebene Knoblauchzehe
2 El Tomaten-Püree *2 El Fischfond*

Dazu empfiehlt Gutbert Fallert seinen Gästen einen *Bickensohler Weißburgunder, Spätlese trocken, 1990,* von der **WG Bickensohl**.

Fische putzen, filieren, in jeweils 4 Portionen teilen. Langoustinen halbieren, Jakobsmuscheln ausbrechen, halbieren. Spargel in 4 Min. knackig garkochen und abkühlen. Kartoffeln mit oder ohne Schale in Traubenkernöl braten. Beschichtete Pfanne erhitzen, Öl und Kartoffeln trocken hineingeben, langsam unter öfterem rütteln der Pfanne goldbraun braten. Gegen Ende der Garzeit salzen und pfeffern, eine zerdrückte Knoblauchzehe und einen Thymianzweig hinzugeben. Auf Serviette geben und warmhalten.
Vinaigrette: Alle Zutaten außer dem Öl verrühren und mit Salz und Pfeffer abschmecken. Dann Öl dazurühren.
Fische vorsichtig salzen und pfeffern, in beschichteter Pfanne mit ganz wenig Öl sanft hellbraun braten, auf Servietten abtrocknen und warmhalten. Langoustinen kurz garen.
Fische auf vier Teller verteilen. Spargel in Wasser kurz erhitzen und in wenig Olivenöl kurz anschwenken, dazulegen. Kartoffeln auf den Tellern arrangieren. Vinaigrette gut durchrühren und wenig über den Spargel geben (nicht über Fisch und Kartoffeln). Rest à part - nach Geschmack - mit Kräutern garnieren. Gemüsestreifen fritieren und dazugeben.

HOTEL TALMÜHLE
Badische Stuben
Talstraße 36
77 887 SASBACHWALDEN
Tel.: 0 78 41 / 10 01 Fax: 0 78 41 / 54 04

SOHLER
TROCKEN

FISCHVARIATION

Für 4 Personen:
2 kleine Zanderfilets
4 Tranchen Lachs
4 Flußkrebse oder Krabben
4 Medaillons vom Seeteufel
Hechtklößchen:
150 g Hechtfleisch ohne Gräten
2 Eier *1/8 l Sahne*
Salz, Pfeffer
Sud:
1/2 l Bötzinger Weißer Burgunder
1 kleine Karotte *2 Schalotten*
Petersiliensträußchen
1 Lorbeerblatt

Mit den Zutaten im Mixer eine Farce zubereiten, in den Sud abstechen.

Den Sud mit den Zutaten ansetzen, Zanderfilet halbieren und mit Lachs, Flußkrebsen und Seeteufel 5-10 Min. ziehen lassen.

Soße: Etwas passierten Sud mit 1/8 l Sahne und 50 g püriertem Spinat aufkochen. Abschmecken mit Salz, Pfeffer und Dill. Mit Bermanie leicht abbinden.

Anrichten: Abgeschmeckte Soße auf heißen Tellern anrichten. Fisch und Krebse hinzugeben und mit Zitrone, Dill und Fleurons (kleine Blätterteigteilchen) garnieren. Als Beilage eignen sich Reis oder feine Nudeln.

Udo Baumann, Inhaber und Chefkoch der „Sonne", empfiehlt zu diesen Fischvariationen einen *Bötzinger Vulkanfelsen, Grauer Burgunder trocken, 1991*, von der **Winzergenossenschaft Bötzingen.**

Hotel-Restaurant **ZUR SONNE**
Familie Udo BAUMANN
Hauptstraße 69
79 268 BÖTZINGEN
Tel.: 0 76 63 / 12 31 Fax: 0 76 63 / 54 26

PFEFFERMÜHLER LACHSFILET

Für 2 Personen:

400 g Lachsfilet
50 g Butter
1/4 l Sahne
1/4 l Durbacher Riesling
20 g Schalotten
2 Eigelb
1 Prise Salz, 1 Prise Pfeffer
160 g Blattspinat
100 g Langkornreis
2 Karotten
2-4 Blumenkohlröschen
Dill

Die Hälfte der Butter mit kleingeschnittenen Schalotten in einer kleinen Kasserolle leicht angehen lassen.
Die Lachsfilets leicht gewürzt und mit etwas Weißwein dazugeben. Etwa 10-15 Min. auf schwacher Hitze ziehen lassen. Dann den Fisch ausheben und warmstellen.
Den Fond einreduzieren auf etwa 1/3 seines Volumens. Die Sahne mit dem Eigelb verrühren und hinzugeben.
Nicht mehr kochen! Leicht ziehen lassen bis zur Bindung und abschmecken mit Salz und Pfeffer. Durch feines Sieb passieren und den Rest der Butter unterziehen.

Garnitur: Frischer Dill. Den Reis kochen wie gewohnt und in Timbalform geben. Gemüse leicht blanchieren und in Butter gedünstete Zwiebelwürfel dazugeben.

Zu diesem Essen mundet nach Ansicht von Küchenchef Rolf Rüdlin besonders ein *Durbacher Plauelrain, Klingelberger Kabinett trocken, 1992,* von der **Winzergenossenschaft Durbach.**

RESTAURANT **PFEFFERMÜHLE**
Marktplatz 36
79 183 WALDKIRCH
Tel.: 0 76 81 / 37 77

OCHSENSCHWANZRAGOUT

Für 8 - 10 Personen:

ca. 4 kg Ochsenschwanz
Zwiebeln, Karotten, Sellerie
Lorbeerblätter, Pfefferkörner
2 Knoblauchzehen
1 Rosmarinzweig, Thymian
Korianderkörner oder Gewürzbeutel
frische Tomaten
2 l Badischer Spätburgunder Rotwein
etwas Cognac und Portwein zum Abschmecken.

Die Ochsenschwänze an den Gelenken durchschneiden und mit Salz und Pfeffer würzen. 1 l Spätburgunder, Gewürze und Kräuter zugeben und zwei Tage in der Marinade liegen lassen.

Nach dieser Zeit den Ochsenschwanz herausnehmen, abtrocknen und in heißem Fett anbraten. Röstgemüse zugeben, tomatisieren, mit der Marinade und Rotwein mehrmals reduzieren, dann mit der Fleischbrühe auffüllen und garschmoren im Ofen. Danach die Sauce evtl. reduzieren, mit Portwein und Cognac abschmecken und über die Ochsenschwänze geben.
Dazu Wurzelgemüse, Reis, Nudeln oder Schupfnudeln servieren.

Inhaber und Chefkoch Winfried Zumkeller empfiehlt hierzu einen *1991er Spätburgunder Rotwein „Burkheimer Feuerberg“, trocken,* vom **Weingut Bercher**, **Burkheim**.

HOTEL **ADLER**
Familie Winfried ZUMKELLER
St. Fridolin-Str. 15
79 838 HÄUSERN
Tel.: 0 76 72 / 4 17 - 0 Fax: 0 76 72 / 41 71 50

GERÄUCHERTER LACHS AN CHAMPAGNERSAUCE

Für 4 Personen:
4 Scheiben Lachs ohne Haut á 180 g
Salz, Pfeffer
Buchsägemehl vermischt mit Wacholderbeeren, Rosmarin und Thymianzweigen zum Räuchern
Für die Sauce:
Fischgräten
20 g Butter zum Dünsten
3 kleine Zwiebeln
50 g Lauch (nur das Weiße)
50 g Sellerie
0,3 l trockener Weißwein
8 weiße Pfefferkörner, zerdrückt
1/4 l Créme fraîche
0,1 l Champagner
Salz, Pfeffer aus der Mühle
60 g kalte Butterwürfel und 1 El geschlagene Sahne

Lachsscheiben würzen. Auf einem Gitter über das Räuchermehl in einen Räucherapparat setzen. Bei sehr milder Hitze in sanftem Rauch nur wenige Minuten anräuchern, damit die Scheiben noch saftig bleiben (ca. 6-8 Min.).
Die Fischgräten mit dem kleingeschnittenen Gemüse in Butter andünsten; die Gewürze dazugeben. Mit Weißwein und Wasser gerade bedecken. 20 Min. köcheln lassen und durch feines Sieb passieren. Auf 0,4 l reduzieren. Créme fraîche und Champagner (6 cl) zugeben und zu einer cremigen Konsistenz einkochen lassen, passieren, abschmecken und warmstellen. Vor dem Anrichten mit kalten Butterwürfeln aufschlagen und geschlagene Sahne unterheben. Mit einem Spritzer Champagner aromatisieren.
Dazu passen feine, hausgemachte Nudeln.

Nach Ansicht von Küchenchef Reiner Springmann paßt zu diesem Essen ebenso ein *Riesling Kabinett, 1991, „Stich den Buben"* von der **Winzergenossenschaft Steinbach und Umweg.**

HOTEL - RESTAURANT **BOCKSBEUTEL**
Familie Reiner Springmann
Umweger Straße 103
76 534 BADEN - BADEN / UMWEG
Tel.:. 0 72 23 / 5 80 31 Fax: 0 72 23 / 6 08 08

STICH DEN
1990

GEFÜLLTER HAUSKANINCHENRÜCKEN
AN ESTRAGONSAUCE

Für 4 Personen:

1 Hauskaninchenrücken (ca. 500 g)
100 g Gemüsewürfel
100 g Weißbrotwürfel
150 g Kalbfleisch
1 dl Rahm, frische Kräuter, Salz,
Pfeffer, Muskat, trockener Sherry

***Gemüse** als Beilage nach Jahreszeit*

Kartoffelroulade:
500 g geschälte Kartoffeln
1 Ei
25 g zerlassene Butter
125 g Mehl.

Rücken so auslösen, daß das Rückenfleisch flach vor uns liegt und keine Einschnitte hat. Das Kalbfleisch fein durch den Wolf drehen und kaltstellen. In Cutter das durchgedrehte Fleisch mit kaltem Rahm, Salz, Pfeffer, Muskat und 2 El Sherry und Kräutern zu einer Farce verarbeiten. Gemüsewürfel und geröstete Brotwürfel unterheben. Die fertige Farce auf den gewürzten Rücken streichen. Auf geölte Alufolie legen und zu Rolle formen. Bei ca. 180° C im Ofen 35 Min. backen.
Kartoffelroulade: Kartoffeln schälen, kochen und pressen. Ei, Butter, Mehl und Gewürze untermischen zu einer Platte, fingerdick ausrollen. Gemüsepüree im Tuch zu einer Rolle formen. Im Wasser bei ca. 85° C pochieren. Nach Erkalten in Scheiben schneiden und in Butter goldgelb braten.
Sauce: Aus den Kaninchenrückenkarkassen mit Gemüse, Weißwein und Rahm eine cremige Sauce herstellen, letztlich frischen Estragon untermischen.

Georg Albrecht, Küchenchef und Inhaber der „Traube", schenkt seinen Gästen zu diesem Kaninchenrücken einen *Blansinger Wolfer, Weißer Burgunder, Spätlese trocken, 1992,* von der **Bezirkskellerei** in **Efringen - Kirchen** ein.

HOTEL - RESTAURANT **TRAUBE**
Inh. Heidi und Georg ALBRECHT
Alemannenstraße 19
79 588 BLANSINGEN
Tel.: 0 76 28 / 82 90 / 82 99 Fax: 0 76 28 / 87 36

KAISERSTÜHLER SPARGEL

Für 2 Personen:
1 kg Spargel
Salz, Zucker, Butter und Zitronensaft
Kratzeteteig:
2 Tassen Mehl, 4 Eier, 1/2 l Milch,
1/8 l Sahne, 3 El zerlassene Butter,
Salz, Pfeffer, Muskat
Sauce Vinaigrette:
3 El Weinessig, 1/8 l Wasser,
1/2 Tasse Schnittlauch
2 gekochte Eiweiß
1 El Traubenkernöl, 1 Schalotte
Sauce Hollandaise:
2 Eigelb, 3 El Essig, gemahlener
Pfeffer, 200 g zerlassene Butter
3 El Zitronensaft
2 El Spargelstücke

Den Spargel waschen, schälen und die Enden abschneiden. Für den Kochsud Wasser aufstellen. Mit Salz, Zucker, Butter und Zitronensaft abschmecken. Spargel ca.5-8 Min. köcheln lassen. **Kratzeteteig:** Zutaten zu einem glatten Teig vermischen. Kurz abschmecken. In einer heißen Pfanne zu Kuchen ausbacken, der dann mit zwei Gabeln in kleine Teile zerrissen wird. **Sauce Vinaigrette:** Weinessig, 1/8 l Wasser, Schnittlauch, das Eiweiß, 1 El Traubenkernöl, 1 Schalotte, Salz, Pfeffer, Zucker, gut verrühren und abschmecken.
Sauce Hollandaise: 2 Eigelb, 3 El Essig, gemahlenen Pfeffer, 200 g zerlassene Butter, 3 El Zitronensaft, 2 El Spargelstücke, Salz. Essig und Spargelwasser mit Pfeffer auf 1/3 reduzieren. Eigelb und Spargelsud schaumig schlagen und Butter dazugeben. Mit Salz und Zitronensaft abschmecken.
Als Beilage eignet sich roher oder gekochter Schinken, aber auch ein Wiener Schnitzel. Statt Kratzete können neue Kartoffeln serviert werden.

Inhaber und Chefkoch Max Schindler empfiehlt zum Spargel einen *Riesling* der Lage *Endinger Steingrube, Kabinett trocken, 1991*, vom **Weingut Leopold Schätzle** in **Endingen**.

SCHINDLER'S RATSSTUBE
Spezialitäten-Restaurant
Marktplatz 10
79 346 ENDINGEN A/K
Tel.: 0 76 42 / 34 58

Riesling
SCHÄTZLE

KALBSNIERLE IN SENFSCHAUM MIT BRÄGELE

Für 4 Personen:
800 g geschnittene ***Nieren***
(ohne Fettstränge)
10 gr Butter
Butterschmalz, Salz, Pfeffer
Sauce:
200 ml dunklen Kalbsfond,
3 El Senf
1 El Crème fraîche
4 El geschlagene Sahne
Brägele:
1 kg kalte Pellkartoffeln
10 g Butterschmalz
Salz

Die Pellkartoffeln schälen und in Scheiben reiben, den Butterschmalz in der Pfanne erhitzen, Kartoffeln anbraten und dabei mehrmals wenden.
Den Kalbsfond zur Hälfte einreduzieren, Crème fraîche und Senf zufügen.
Zum Schluß die Sahne unterrühren. Die Nieren in der heißen Pfanne scharf anbraten und mit Salz und Pfeffer würzen.

Zu dieser Kaiserstühler Spezialität empfiehlt Inhaber und Küchenchef Arthur Dutter einen *Rosè, 1992, „Junge Linie"* der **Winzergenossenschaft Kiechlinsbergen.**

HOTEL - RESTAURANT **STUBE**
Fam. Arthur Dutter
Winterstraße 28
79 346 ENDINGEN - KIECHLINGSBERGEN
Tel.: 0 76 42 / 17 86

Rosé

GESCHMORTE KALBSHAXE „MIREPOIX“

Für 4 Personen:

1 hintere Kalbshaxe
1 kleiner Bund Thymian
1 kleiner Bund Rosmarin
Salz, Pfeffer
100 Butter
2 El Öl
4 Knoblauchzehen
150 g Sellerie
100 Zwiebeln
150 g Karotten
alles in grobe Würfel geschnitten
150 g Champignons
1/2 l Weißwein, trocken
1 dl Madeira
8 bis 12 St. kleine Kartoffeln
2 Tomaten, geschält
und in dicke Scheiben geschnitten

Die Kalbshaxe mit Salz und Pfeffer bestreuen und in heißem Öl und Butter goldbraun anbraten.
Im vorgeheizten Backofen (180° C) eine halbe Stunde braten. Die Gemüsewürfel, gehackten Kräuter, Champignons, Kartoffeln und Knoblauchzehen im Schmorgefäß angehen lassen und vorgebratene Kalbshaxe draufgeben. Anschließend mit Weißwein und Madeira ablöschen und die Tomatenscheiben oben auflegen; ca. 1,5 Std. schmoren lassen. Die Haxe mit Fond von Zeit zu Zeit glacieren und evtl. ab und zu mit Fleischbrühe angießen.

Küchenchef Pascal Bouille empfiehlt zu seinem „Mirepoix“ *einen Spätburgunder Weißherbst, Glottertäler Roter Bur, Kabinett trocken, 1991*, von der **Winzergenossenschaft Glottertal**.

PARKHOTEL ADLER
ein Hotel der IFA-Gruppe
Adlerplatz
79 854 HINTERZARTEN / SÜDSCHWARZWALD
Tel.: 0 76 52 / 1 27 - 0 Fax: 0 76 52 / 1 27 - 7 17

SÜLZE VOM REHRÜCKEN
AN SOMMERLICHEM PFIFFERLINGSSALAT

Für ca. 10 Personen:
2 kg kleingehackte Rehknochen
150 g Röstgemüse
20 g Tomatenmark
0,5 l Spätburgunder Rotwein
3 l Brühe
Zum Klären:
400 g Rehparieren
100 g Eiweiß
Zwiebeln, Karotten, Sellerie, Lauch
Gewürze, Salz, Lorbeer, Nelke
Rosmarin, Wacholder
Zum Binden:
8 - 9 Blatt Gelatine
Einlage:
1 Rehrückenfilet
200 g geputzte, blanchierte Pfifferlinge, Karotten und Lauch

Knochen kleinhacken und in einer Casserolle anrösten. Gemüse beigeben, weiter rösten, mit Rotwein angießen, bis der Ansatz eine schöne, dunkelbraune Farbe hat. Mit Brühe aufgießen, ca. 2 Stunden köcheln lassen, gut abschäumen und passieren.
Klärfleisch durch den Wolf drehen. Eiweiß, Gemüse und Gewürze mit etwas Salz vermischen und zum kalten Rehfond geben, vorsichtig zum Kochen bringen. Klaren Fond durch Tuch passieren. Auf ca. 1 l einkochen und die Gelatine beigeben.
Karotten schälen und längs in Scheiben schneiden. Lauch und Karotten blanchieren und im Wasser auskühlen. Rehrückenfilet sauber parieren und gut anbraten. Ca. 3 Min. bei 180 Grad im Ofen garen, auskühlen lassen. Rehrückenfilet mit Lauch umwickeln. Form mit Karotten auslegen, Gelee zugeben und auskühlen lassen. Auf erstarrten Gelee Pfifferlinge in die Form geben und mit Gelee begießen. Fest werden lassen. Rückenfilet einlegen und in die Form eingießen. Nach Erstarren Sülze stürzen und mit Messer in Scheiben schneiden und anrichten.
Kleiner, sommerlicher Salat mit Pfifferlingen als Garnitur.

Inhaber und Chefkoch Karl-Heinz Beck empfiehlt hierzu einen *Schlossberg, Riesling Spätlese, trocken, 1990, „Wein aus alten Reben"* vom **Weingut Schloß Neuweier.**

RESTAURANT IM **SCHLOSS NEUWEIER**
Familie Karl-Heinz BECK
Mauerbergstraße 21
76 534 BADEN - BADEN / NEUWEIER
Tel.: 0 72 23 / 5 79 44 Fax: 0 72 23 / 5 89 33

HAUSGERÄUCHERTER HIRSCHSCHINKEN
MIT JOHANNISBEERSAUCE

Für 4 Personen:
***Hirschrücken**strang*
Lake:
Wacholderbeeren
Pfefferkörner, Senfkörner,
Lorbeerblatt, Nelken,
Knoblauchzehen und
Rosmarinspitzen.
Johannisbeersauce:
6 cl Spätburgunder Rotwein
20 g rote Johannisbeeren
10 g Gelierzucker
1 Tl Johannisbeergelee
1/2 Tl geraspelter Ingwer

Ein Hirschrückenstrang wird von Fett und Sehnen völlig befreit und ca. 21 Tage in 6% Lake eingelegt. Zur Lake kommen zerdrückte Wacholderbeeren, Pfefferkörner, Senfkörner, Lorbeerblatt, Nelken, Knoblauchzehen und Rosmarinspitzen. Die durchgesalzenen Fleischstücke werden unter fließendem Wasser kurz gewaschen und in der Räucherkammer mit Tannenmehl, Reisigwellen und grünen Tannenzweigen 3-4 Tage kalt geräuchert. Sollten Sie über keine Räuchermöglichkeit verfügen, geben Sie das Ganze Ihrem Schlachter zum Räuchern.

Johannisbeersauce: 6 cl Spätburgunder Rotwein, 20 g rote Johannisbeeren, 10 g Gelierzucker, 1 Tl Johannisbeergelee, 1/2 Tl geraspelter Ingwer. Alles zusammen verkochen, passieren und gut durchkühlen.

Zu dieser Vorspeise eignet sich nach Ansicht von Küchenchef Hartmut Albrecht hervorragend ein *Spätburgunder Rotwein, Herrenbuck, Spätlese trocken,* vom **Weingut Kiefer** in **Eichstetten**.

Ferienhotel
KAISER'S TANNE-WIRTSHUS
79 874 BREITNAU - HINTERZARTEN
Tel.: 0 76 52 / 1 20 10 Fax: 0 76 52 / 15 07

BADEN

KNACKIGE SALATE MIT WARMEN PFIFFERLINGEN

Für 4 Personen:
250 g knackige Sommersalate
1 EL Sherryessig
1 EL Walnußöl
Salz, Pfeffer, 1 Prise Zucker
2 Tomaten
12 Radieschen
Streifen von jungen Karotten
60 g hauchdünn geschnittener Wildschinken
600 g Pfifferlinge
40 g feingeschnittene Zwiebeln
20 g Streifen vom geräucherten Speck
1 Knoblauchzehe
30 g Butter zum Anschwitzen
Salz und Pfeffer zum Würzen
feingehackte Petersilie

Frische Pfifferlinge vom Markt putzen und waschen. In einer heißen Pfanne mit Butter werden Speck, Zwiebeln und Knoblauch glasig angeschwitzt. Pfifferlinge zugeben, mit anschwitzen und mit Salz und Pfeffer würzen. Zuletzt die frischgehackten Kräuter zugeben.
Die Salate putzen und waschen. Tomaten in Ecken schneiden und die Radieschen tournieren. Salate mit Sherryessig, Walnußöl, Salz, Pfeffer und einer Prise Zucker anmachen. Sautierte Pfifferlinge um den Salat anrichten und mit Radiesle ausgarnieren.
Dazu frisches Weißbrot oder Toast.

Küchenchef Reiner Gehr empfiehlt dazu einen *1990 Burkheimer Feuerberg, Spätburgunder Rotwein, Kabinett trocken,* von der **Winzergenossenschaft Burkheim**.

POSTHOTEL KREUZPOST
Familie GEHR
79 235 VOGTSBURG - BURKHEIM
Tel.: 0 76 62 / 5 96 Fax: 0 76 62 / 12 98

Burkheimer
BADEN

KAISERSTÜHLER FRÜCHTEKÖRBCHEN

Für 6 Personen:

Für die ***Hippenmasse*** *benötigen Sie*

180 g Zucker — *5 cl Sahne*

50 g Marzipanrohmasse

1 Prise Zimt — *1 Prise Salz*

3 Eier — *150 g Mehl*

100 g Kuvertüre oder Schokoladen-Fettglasur zum Auspinseln der Hippen

Für die ***Füllung*** *verwenden Sie*

400 g gemischte, frische Erdbeeren

100 g Herzkirschen

1 El Puderzucker — *4 cl Grand Marnier*

verschiedene Fruchtpürees, Minze und Sahne

Zu diesem Dessert empfiehlt Ihnen Chefkoch Andreas Büscher den *Sekt RIESLING EXTRA BRUT, Flaschengärung,* von der **Gräflich von Kageneck'schen Wein- und Sektkellerei** aus **Breisach.**

Für das Erdbeereis den Zucker, das Marzipan, die Gewürze und 1 Ei verrühren, bis die Masse keine Klümpchen mehr hat.

Die beiden anderen Eier hinzugeben und unterrühren.

Das Mehl mit einem Holzlöffel unterarbeiten, bis die Masse glatt ist. Die Sahne unterrühren und das Ganze 1 Stunde im Kühlschrank ruhen lassen.

Das Backblech mit Trennpapier auslegen, 1 El Hippenmasse draufgeben und mit einer Palette zu einem Kreis von 20 cm Durchmesser glattstreichen.

Das Blech in den Ofen geben und ca. 4-5 Min. bei 200°C goldgelb backen.

Das Blech herausnehmen, die Teigplatte vorsichtig mit einer Palette lösen und in einer Suppentasse zur Blüte formen. Nach ca. 1 Min. ist die Hippe fest.

Für den Henkel die Hippenmasse in Rechtecke von 4x20 cm auf Backpapier streichen. Nach dem Ausbacken die Rechtecke zusammenrollen und zu einem Halbkreis biegen.

HOTEL AM MÜNSTER

Ringhotel Breisach

79 206 BREISACH AM RHEIN

Tel.: 0 76 67 / 8 38 - 0   Fax: 0 76 67 / 8 38 - 100

SCHWARZWÄLDER KIRSCHAUFLAUF

Für 2 - 4 Personen:

50 g Butter
50 g Mehl
1/4 l Milch
75 g Zucker
100 g Kirschen, entsteint
3 Eier
3 cl Kirschwasser
etwas Butter und Zucker zum Ausfetten und Auszuckern der feuerfesten Auflaufform (Inhalt ca. 850 ml.)

Entsteinte Kirschen im Kirschwasser mit etwas Zucker 1 Std. ziehen lassen. Butter in einem Topf zergehen lassen, Mehl unterrühren und von der Kochstelle nehmen, erkalten lassen. Milch in einem 2. Topf aufkochen, kurz beiseite stellen und mit dem Rest Zucker etwas abkühlen, dann mit der Mehlbutter verrühren. Diese Masse darf nur ganz leicht anziehen (falls zu fest, gelingt der Auflauf nicht mehr). Die Eier trennen und die Eigelb unter die Masse rühren. Eiweiß zu steifem Schnee schlagen und zusammen mit den Kirschen und dem Kirschwasser mit einem Spachtel unter die Masse heben, in die vorgerichtete Form geben und ca. 25 - 30 Min. bei 180° C in den Ofen schieben.
Dazu paßt Vanilleeis oder eine Traminerweinschaumsoße.

Genauso gut paßt zu diesem Dessert ein *Durbacher Plauelrain, Clevner (Traminer), Beerenauslese, 1989,* vom **Weingut Andreas Laible** in **Durbach**, meint Inhaber und Chefkoch Wilhelm Brunner.

HOTEL - RESTAURANT **RITTER DURBACH**
Familie Wilhelm BRUNNER
Talstraße 1
77 770 DURBACH
Tel.: 07 81 / 3 10 31 Fax: 07 81 / 4 19 75

ERDBEERKNÖDEL

Für 6 Personen:

250 g Schichtkäse
1/2 St. Toastbrot ohne Kruste
4 Eigelb
150 g Instant Mehl
100 g Butter
1 Prise Salz
etwas Zucker

Alle Zutaten zu einem Teig verarbeiten.
Die Erdbeeren mit Teig dünn umhüllen und ca. 8 Minuten in kochendem Wasser garen.
Anschließend die Knödel mit geriebenem Lebkuchen, Zucker und heißer Butter übergießen.

Zu diesem Dessert empfiehlt Restaurantinhaber und Chefkoch Pavel Pospisil einen *Weingartener Hohenberg, 1990, Grauer Burgunder, Spätlese trocken,* von der **Winzergenossenschaft Weingarten.**

RESTAURANT **MERKURIUS**
Familie Pavel POSPISIL
Klosterbergstraße 2
76 534 BADEN - BADEN / VARNHALT
Tel.: 0 72 23 / 54 74

BUTTERMILCHMOUSSE
MIT SPÄTHIMBEEREN UND ORANGENMANDELBLÄTTERN

Für 4 Personen:

Buttermilchmousse:
250 g Buttermilch
35 g Zucker
2 Blatt Gelatine
190 g Sahne steif unterheben
Saft von 2 Limonen

Mandelblätter:
50 g Zucker
30 g Mandelgrieß
15 g Mehl
3 cl Orangensaft
30 g flüssige Butter

Vanille-Himbeerspiegel:
6 El Vanillesauce
3 El Himbeerfruchtmark
32 Stück Himbeeren
Zucker

Buttermilchmousse:
Buttermilch und Zucker vermischen. Die Gelatine in kaltem Wasser einweichen, den Limonensaft beigeben und lauwarm erhitzen. Sahne steif schlagen und unter die kalte Buttermilchmousse geben. In eine Form füllen und 4-5 Stunden kaltstellen. Mit einem Löffel kleine Nocken ausstechen.

Mandelblätter:
Mandelblätter und die angegebenen Zutaten zu einer Masse zusammenrühren, gut umrühren und ca. 30 Min. ruhen lassen. Teelöffelgroße Häufchen auf ein Backblech streichen und im Backofen ca. 2 Min. bei 250° C ausbacken.

Vanille-Himbeerspiegel:
Das Buttermilchmousse mit den Orangen-Mandelblättern und den Himbeeren auf dem Vanillespiegel anrichten.

Zu diesem Dessert empfiehlt Küchenchef Alfred Klink eine *1990er Muskateller Beerenauslese*, vom **Versuchs- und Lehrgut Blankenhornsberg in Ihringen.**

COLOMBI HOTEL
Roland BURTSCHE KG
Rotteckring 16
79 098 FREIBURG
Tel.: 07 61 / 21 06 - 0 Fax: 07 61 / 3 14 10

Muskateller
Beerenauslese

CARPACCIO
ROH MARINIERTE RINDERFILETSCHEIBEN+ MOUSSE VON HÜHNERLEBER

Carpaccio:
320 g frisches Rinderfilet
Saft 1/2 Limone
Sonnenblumenöl
Meersalz, Pfeffermühle
Salatblätter wie Lollo, Frisée, Melone
Mousse von Hühnerleber:
320 g Hühnerleber 100 g Butter
1 Tl feingeschnittene Schalotte,
Salz, Pfeffermühle,
frischer Thymianzweig,
Cognac
roter Portwein zum Braten der Leber,
2 El Öl 10 g Butter
***Kräutersoße:** 1 Bund Salatkräuter,*
Kerbel, Sauerampfer, Brunnenkresse,
3 El Geflügelfond
50 g Crème fraîche
1 Tl Limonensaft
Salz, Pfeffermühle
1/2 Zehe geriebener Knoblauch

Carpaccio: Rinderfilet kurz anfrieren lassen, in hauchdünne Scheiben schneiden und auf einem Teller in 2 cm Abstand vom Rand kreisförmig anrichten; mit Öl, Limonensaft, Salz und Pfeffer marinieren. Jeweils in der Mitte kleine, marinierte Salatblättchen gefällig anordnen. Von der Hühnerlebermousse einen El abstechen und auf den Salatblättchen anrichten und mit kleinen Melonenkugeln garnieren. Um das Carpaccio herum die Kräutersoße geben.

Mousse von Hühnerleber: Das Öl in einer Pfanne heiß werden lassen und die zuvor von Sehnen befreite Leber darin kurz anbraten (innen rosa). Butter, Thymianzweig und Schalotten zugeben, mit Portwein und Cognac ablöschen. Die Leber herausnehmen und den Fond reduzieren. Fond und Leber mixen und die Masse durch ein feines Sieb passieren. Butter zugeben und gut vermengen.

Zu diesem Carpaccio eignet sich nach Ansicht des Inhabers und Küchenchefs Peter Günthner besonders ein *Affentaler Riesling, Kabinett trocken, 1990,* von der **Affentaler Winzergenossenschaft** in **Bühl**.

HOTEL - RESTAURANT **DIE GRÜNE BETTLAD**
Familie Peter GÜNTHNER
Blumenstraße 4
77 851 BÜHL
Tel.: 0 72 23 / 2 42 38

Affentaler
Baden
Affentaler
Riesling

REZEPTE

VORSPEISEN
- BÄRLAUCHSÜPPCHEN ...8
- HEFECREMSUPPE ...10
- FISCHSÜPPCHEN ...12
- JAKOBSMUSCHELN ...38
- SPARGELTERRINE ...42
- SÜLZE VOM REH ...98
- HIRSCHSCHINKEN ...100
- SALATE MIT PFIFFERLINGEN ...102
- CARPACCIO ...112

HAUPTGERICHTE
- KALBSKOTELETT ...24
- KALBSSCHWANZ ...26
- KUTTELN ...30
- KALBSBRIES ...34
- TAUBE AUS DER BRESSE ...36
- BARBARIE - ENTE ...40
- GÄNSELEBER ...44
- KARTOFFEL-GEMÜSE-GRATIN ...46
- KALBSLEBERLE ...48
- SPANFERKELSCHULTER ...50
- GEISLEBRATEN ...52
- TAUBE IM BLÄTTERTEIG ...54
- POULARDENBRÜSTCHEN ...58
- REHRÜCKEN ...60
- DAS BESTE VOM REH ...62
- GEFLÜGEL - AGNOLOTTI ...64
- JAGDFASAN ...72
- SCHWEINEFILET ...74
- OCHSENSCHWANZRAGOUT ...86
- KANINCHENRÜCKEN ...90
- SPARGEL ...92
- KALBSNIERLE ...94
- KALBSHAXE ...96

FISCHGERICHTE
- ZANDER MIT STEINPILZEN ...14
- LANGUSTINOS ...16
- FORELLE IM WIRSINGMANTEL. ...18
- MILLE FEUILLE VOM WILDLACHS ...20
- BACHSAIBLING ...22
- SCHWARZWALDFORELLE ...28
- STEINBUTT ...32
- KLÖSSCHEN VOM HECHT ...56
- ZANDERFILET AN RIESLING ...68
- LASAGNE VOM LACHS ...70
- FLUSSAAL MIT FLUSSKREBSCHEN ...76
- ZANDERFILET ...78
- MEERESFRÜCHTE ...80
- FISCHVARIATION ...82
- LACHSFILET ...84
- GERÄUCHERTER LACHS ...88

DESSERTS
- FRÜCHTEKÖRBCHEN ...104
- KIRSCHAUFLAUF ...106
- ERDBEERKNÖDEL ...108
- BUTTERMILCHMOUSSE ...110

HOTELS UND RESTAURANTS

MÜHLE, *GERSBACH* ... 8
OCHSEN, *FELDBERG* ... 10
KRANZ, *LÖRRACH* ... 12
BADISCHER HOF, *BÜHL* ... 14
LE CANARD, *OFFENBURG* ... 16
PARKHOTEL WEHRLE, *TRIBERG* ... 18
ADLER, *LAHR - REICHENBACH* ... 20
RAUB'S RESTAURANT, *KUPPENHEIM* ... 22
SCHLOSSHOTEL BÜHLERHÖHE ... 24
ZUR ALTEN POST, *MÜLLHEIM* ... 26
ZUR OBEREN LINDE , *OBERKIRCH* ... 28
MÜHLE, *BINZEN* ... 30
RÖMERBAD, *BADENWEILER* ... 32
SONNE, *BAD KROZINGEN* ... 34
WASSERSCHLOSS, *INZLINGEN* ... 36
HIRSCHEN, *SULZBURG* ... 38
SCHWARZER ADLER, *OBERBERGEN* ... 40
WINZERSTUBE, *IHRINGEN* ... 42
ZUM ALDE GOTT, *BADEN - BADEN* ... 44
SCHÖNE AUSSICHT, *HORNBERG* ... 46
HIRSCHEN, *MERZHAUSEN* ... 48
FUCHSHÖHLE, *BAD SÄCKINGEN* ... 50
KAISERSTUHL, *NIEDERROTWEIL* ... 52
ADLER, *WEIL* ... 54
TRESCHERS PARKHOTEL, *TITISEE* ... 56
KRONE , *ACHKARREN* ... 58
BRENNER'S PARKHOTEL,*BADEN - BADEN* ... 60
SPIELWEG, *MÜNSTERTAL* ... 62
LA VIGNA, *LAUFEN* ... 64
SCHLOSSRESTAURANT RUST ... 66
ZEHNER'S STUBE, *PFAFFENWEILER* ... 70
ADLER, *GLOTTERTAL* ... 72
HEBELHOF, *HERTINGEN* ... 74
GÖTZ, *ACHERN* ... 76
MÖNCH'S POSTHOTEL, *BAD HERRENALB* ... 78
TALMÜHLE , *SASBACHWALDEN* ... 80
SONNE, *BÖTZINGEN* ... 82
PFEFFERMÜHLE , *WALDKIRCH* ... 84
ADLER, *HÄUSERN* ... 86
BOCKSBEUTEL, *BADEN - BADEN* ... 88
TRAUBE , *BLANSINGEN* ... 90
RATSSTUBE, *ENDINGEN* ... 92
STUBE, *KIECHLINSBERGEN* ... 94
PARKHOTEL ADLER, *HINTERZARTEN* ... 96
SCHLOSS NEUWEIER, *BADEN - BADEN* ... 98
TANNE - WIRTSHUS, *BREITNAU* .. 100
KREUZPOST, *BURKHEIM* .. 102
MÜNSTERHOTEL , *BREISACH* .. 104
RITTER, *DURBACH* .. 106
MERKURIUS, *BADEN - BADEN* .. 108
COLOMBI, *FREIBURG* .. 110
GRÜNE BETTLAD, *BÜHL* .. 112

Freiburger
SCHLOSSBERG

WEINGÜTER UND WINZERGENOSSENSCHAFTEN

SCHLOSSGUT ISTEIN A. SODER ... *8*
79 588 EFRINGEN - KIRCHEN / ISTEIN
TEL.: 0 76 28 / 12 84 Fax: 0 76 28 / 86 32

WEINGUT EGLIN - ADAM ... *10*
BÜRGELNSTRASSE 32 79 379 MÜLLHEIM / FELDBERG
TEL.: 0 76 31 / 35 03

WG EHRENSTETTEN eG ... *12*
79 238 EHRENKIRCHEN - EHRENSTETTEN
Tel.: 0 76 33 / 54 28 Fax: 0 76 33 / 5 08 53

WG WEINGARTEN eG ... *14*
76 356 WEINGARTEN
TEL.: 0 72 44 / 24 68, 10 46 + 10 47 FAX: 24 98

FREIHERR VON UND ZU FRANCKENSTEIN
WEINGARTENSTR. 66 77 654 OFFENBURG
TEL.: 07 81 / 3 49 73 FAX: 07 81 / 3 60 46 ... *16*

WEINGUT FREIHERR ROEDER VON DIERSBURG
77 749 DIERSBURG TEL.: 0 78 08 / 22 21 ... *18*

WEINGUT STADT LAHR INH. HANS WÖHRLE
WEINBERGSTRASSE 3 77 933 LAHR
TEL.: 0 78 21 / 2 53 32 FAX: 3 93 98 ... *20*

WG BRITZINGEN eG
MARKGRÄFLER 25-29 79 379 MÜLLHEIM - BRITZINGEN
TEL.: 0 76 32 / 4 48 FAX: 0 76 31 / 40 13 ... *22*

WEINGUT DR. HEGER WEINHAUS J. HEGER
BACHENSTRASSE 19 / 21 79 241 IHRINGEN A / K
TEL.: 0 76 68 / 2 05 + 78 33 FAX: 93 00 ... *24*

WEINGUT EMIL MARGET KG ... *26*
79 379 MÜLLHEIM - HÜGELHEIM Tel.: 0 76 31 / 23 54

RENCHTALER WG OBERKIRCH eG ... *28*
77 704 OBERKIRCH / BADEN
TEL.: 0 78 02 / 30 44 FAX: 0 78 02 / 43 03

FAMILIE HECHLER ... *30*
HOTEL - RESTAURANT **MÜHLE**
79 589 BINZEN
TEL.: 0 76 21 / 60 72 - 73 FAX: 0 76 21 / 6 58 08

PRIVATWEINGUT H. SCHLUMBERGER
WEINSTRASSE 19 79 295 LAUFEN / BADEN
TEL.: 0 76 34 / 89 92 FAX: 0 76 34 / 82 55 ... *32*

WEINGUT ERNST HEINEMANN
MENGENER STRASSE 4 79 238 SCHERZINGEN
TEL.: 0 76 64 / 63 51 ... *34*

WG SASBACH eG ... *36*
79 361 SASBACH
TEL.: 0 76 42 / 10 44 FAX: 0 76 42 / 88 97

WEINGUT HERMANN DÖRFLINGER
MÜHLENSTRASSE 7 79 379 Müllheim
TEL.: 0 76 31 / 22 07 FAX: 0 76 31 / 41 95 ... *38*

WEINGUT FRANZ KELLER
79 235 VOGTSBURG - OBERBERGEN
TEL.: 0 76 62 / 93 30 93 FAX: 0 76 62 / 7 19 ... *40*

WG IHRINGEN A / K eG
WINZERSTR.6 79 241 IHRINGEN A / K
TEL.: 0 76 68 / 6 22 FAX: 0 76 68 / 55 56 ... *42*

WG NEUWEIER - BÜHLERTAL eG ... *44*
76 534 BADEN - BADEN / NEUWEIER
TEL.: 0 72 23 / 98 87 - 0 FAX: 0 72 23 / 5 20 74

WG SASBACHWALDEN eG ... *46*
POSTFACH 1110 77 887 SASBACHWALDEN
TEL.: 0 78 41 / 20 29 - 0 FAX: 0 78 41 / 20 29 18

WEINGUT E. ISAAK
IM GRÄMERACKER 1 79 249 MERZHAUSEN
TEL. + FAX: 07 61 / 40 20 15 ... *48*

WEINGUT GEBRÜDER MÜLLER
RICHARD - MÜLLER - STR. 5 79 206 BREISACH
TEL.: 0 76 67 / 5 11 FAX: 0 76 67 / 65 81 ... *50*

WEINGUT BERCHER ERBEN & SCHMIDT
HERRENSTR. 28 79 235 VOGTSBURG - OBERROTWEIL
Tel.: 0 76 62 / 3 72 ... *52*

WEINGUT FREIHERR VON GLEICHENSTEIN
79 235 VOGTSB. - OBERROTWEIL
TEL.: 0 76 62 / 2 88 ... *54*

WEINGUT H. ULMANN
HAUPTSTRASSE 39 79 219 STAUFEN
TEL.: 0 76 33 / 52 27 ... *56*

WG ACHKARREN eG
79 235 VOGTSBURG - ACHKARREN
TEL.: 0 76 62 / 60 92 FAX: 0 76 62 / 62 07 ... *58*

WEINGUT STIGLER
BACHENSTR. 29 79 241 IHRINGEN
TEL.: 0 76 68 / 2 97 FAX: 0 76 68 / 9 41 20 ... *60*

WG KÖNIGSCHAFFHAUSEN eG
79 346 ENDINGEN - KÖNIGSCHAFFHAUSEN
TEL.: 0 76 42 / 10 03 FAX: 0 76 42 / 25 35 ... *62*

WG LAUFEN eG ... *64*
79 295 SULZBURG - LAUFEN
TEL.: 0 76 34 / 6 97 14 + 6 97 15 FAX: 6 97 19

WG BISCHOFFINGEN eG
79 235 VOGTSBURG - BISCHOFFINGEN
TEL.: 0 76 62 / 7 56 FAX: 0 76 62 / 8 30 68 ... *68*

WG PFAFFENWEILER eG ... *70*
79 292 PFAFFENWEILER IM MARKGRÄFLERLAND
TEL.: 0 76 64 / 70 81 + 70 93 FAX: 0 76 64 / 6 08 67

WEINGUT SALWEY
79 235 VOGTSBURG - OBERROTWEIL
TEL.: 0 76 62 / 3 84 FAX: 0 76 62 / 63 40 ... *72*

WEINGUT FRITZ BLANKENHORN
79 418 SCHLIENGEN / BADEN
TEL.: 0 76 35 / 10 92 FAX: 0 76 35 / 38 56 ... *74*

WG KAPPELRODECK eG
77 876 KAPPELRODECK
TEL: 0 78 42 / 17 35 FAX: 0 78 42 / 87 63 ... *76*

WEINGUT KARL H. JOHNER
GARTENSTRASSE 20 79 235 VOGTS. - BISCHOFFINGEN
TEL.: 0 76 62 / 60 41 FAX: 0 76 62 / 83 80 ... *78*

WG BICKENSOHL eG
79 235 VOGTSBURG - BICKENSOHL
TEL.: 0 76 62 / 2 13 FAX: 0 76 62 / 82 09 ... *80*

WG BÖTZINGEN eG ... *82*
79 268 BÖTZINGEN
TEL.: 0 76 63 / 9 30 60 FAX: 0 76 63 / 93 06 50

WG DURBACH eG
77 770 DURBACH
TEL.: 07 81 / 9 36 60 Fax: 3 65 47 ... *84*

WEINGUT BERCHER
MITTELSTADT 13 79 235 VOGTSBURG - BURKHEIM
TEL.: 0 76 62 / 2 12 FAX: 82 79 ... *86*

WG STEINBACH UND UMWEG eG
76 534 BADEN - BADEN / UMWEG ... *88*
TEL.: 0 72 23 / 5 70 95 + 53 75 FAX: 0 72 23 / 53 54

BEZIRKSKELLEREI MARKGRÄFLER eG
79 588 EFRINGEN - KIRCHEN
TEL: 0 76 28 / 7 78 FAX: 0 76 28 / 29 76 ... *90*

WEINGUT LEOPOLD SCHÄTZLE
WILHELMSHÖFE 1 79 346 ENDINGEN
TEL.: 0 76 42 / 33 61 FAX: 0 76 42 / 24 60 ... *92*

WG KIECHLINSBERGEN eG
79 346 ENDINGEN - KIECHLINSBERGEN
TEL.: 0 76 42 / 10 80 FAX: 0 76 42 / 10 88 ... *94*

WG GLOTTERTAL eG
WINZERSTRASSE 2 79 286 GLOTTERTAL
TEL.: 0 76 84 / 3 39 FAX: 0 76 84 / 16 05 ... *96*

WEINGUT SCHLOSS NEUWEIER ... *98*
MAUERBERG 21 76 534 BADEN - BADEN / NEUWEIER
TEL.: 0 72 23 / 9 66 70 FAX: 0 72 23 / 6 08 64

WEINGUT FRIEDRICH KIEFER
BÖTZINGER STRASSE 13 79 354 EICHSTETTEN
TEL.: 0 76 63 / 10 63 FAX: 0 76 63 / 39 27 ... *100*

WG BURKHEIM eG ... *102*
79 235 VOGTSBURG - BURKHEIM
TEL.: 0 76 62 / 7 25, 7 24 FAX: 0 76 62 / 82 02

GRÄFLICH VON KAGENECK'SCHE
WEIN- UND SEKTKELLEREI GmbH
79 206 BREISACH / RHEIN ... *104*
TEL.: 0 76 67 / 9 01 - 01 FAX: 9 01 - 1 00

WEINGUT ANDREAS LAIBLE
AM BÜHL 6 77 770 DURBACH ... *106*
TEL.: 07 81 / 4 12 38 .FAX: 0 7 81 / 3 83 39

WG WEINGARTEN eG
76 356 WEINGARTEN ... *108*
TEL.: 0 72 44 / 24 68, 10 46 + 10 47 FAX: 24 98

VERSUCHS - UND LEHRGUT
BLANKENHORNSBERG IHRINGEN
79 241 IHRINGEN A / K
TEL.: 0 76 68 / 2 17 FAX: 0 76 68 / 79 91 ... *110*

AFFENTALER WG BÜHL eG
77 851 BÜHL - EISENTAL
TEL.: 0 72 23 / 9 89 80 FAX: 98 98 30 ... *112*

TITELAUFNAHMEN:
BEZIRKSKELLEREI MÄRKGRÄFLER eG
79 588 EFRINGEN-KIRCHEN
TEL.: 0 76 28 / 7 78 FAX: 0 76 28 / 29 76

WEINGUT SCHNEIDER CLAUS + SUSANNE SCHNEIDER
LÖRRACHERSTRASSE 4 79 576 WEIL A/RH.
TEL.: 0 76 21 / 7 28 17 FAX: 0 76 21 / 7 80 14

IHRINGER